U0735532

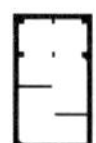

天工人巧

中国古园林六讲

罗哲文 著

北京出版集团
北京出版社

目录

故宫

157

北海和团城

183

颐和园

213

中国古园林概说

中国古典园林有着悠久的造园历史和精湛的造园艺术，在世界园林史上占有极其重要的地位。中国被称誉为“园林之母”。

中国古典园林是中国古建筑与山石、水体、动植物高度结合的产物，是中国传统居住、休闲、观赏、文学艺术等综合营造的艺术空间环境，是中国优秀传统文化遗产的重要组成部分。不少重要的古典园林已被国家公布为重点文物保护单位，其中具有重大价值的皇家和私家园林已由联合国教科文组织世界遗产委员会审定批准列入了《世界遗产名录》，成为人类共同的财富。

现在保存的古典园林，遍布全国各省、自治区、直辖市，类型丰富，数量众多。许多古典园林今天仍然在向广大公众开放，受到国内外广大游客、专家学者的赞赏。

悠久的造园历史

第一节
从利用自然山川林木到人工造园的开始时期
（公元前 4000—前 500 年左右）

中国造园历史悠久，相传在五千多年前的原始社会末期，人们即已利用自然的山河、水泉、林木及鸟兽群集之地作为生活游乐的场所。从单纯利用到逐步加以经营治理，从而开始了早期的造园活动。如豨韦的“囿”、黄帝的“圃”，就是利用自然山河、水泉、鸟兽的天然园林。《穆天子传》上记载“春山之泽，清水出泉，温和无风，飞鸟百兽之所饮食，先王所谓‘县圃’”，即是指这种天然园林。

相传在帝尧的时候，就设了“虞人”的官位来掌管山河、苑囿、畋猎的事情。舜的时候曾封伯益为虞官，专管草木、鸟兽之事。由于生产力不发达，当时人们主要还是利用自然，人力的经营是非常之少的。

1 隋代展子虔绘《游春图》中的山树、古寺、小桥、流水

1

到了三四千年前的殷商时期，生产力得到较大发展，剩余劳动力增多了，奴隶主得以集中大批的人力、物力建造宫殿和园林，供给他们享乐。相传殷纣王曾经役使大量的奴隶和工匠建造规模宏大的园林。

至公元前11世纪的周代，关于造园的情况在历史文献上已记载得较为清楚了。周文王的时候，经营了一个方圆七十里的囿。

《诗经》曾对周文王的灵台、灵囿、灵沼的建造情况以及其游乐的情况做了生动的描写：

1-2 周文王灵台池沼遗址（选自汪菊渊《中国古代园林史》）

1-2

经始灵台，经之营之。庶民攻之，不日成之。经始勿亟，庶民子来。

王在灵囿，麀鹿攸伏。麀鹿濯濯，白鸟翯翯。王在灵沼，於牣鱼跃。

诗中所说的灵台，是一组高大建筑物，灵囿是养育禽兽的地方，灵沼则是养育鱼类的池沼。由此可知，这一园林已是一座综合性园林了，并有了专门管理园林的官员和专职技术工作人员。《周礼·地官》上记载："囿人，中士四人，下士八人，府二人，胥八人，徒八十人。"这些即是掌管养育和管理禽兽的工作人员。此外，《周礼·秋官》上记载了掌管培植花草、林木的官员和工人，即"柞氏"，包括"下士八人，徒二十人"。

在公元前11世纪至前3世纪的八百年间，各诸侯国互相修筑园林，所谓的"苑""囿"数量很多，如郑国的原圃，秦国的具囿，吴国的梧桐园，等等。这些园、囿之中均有豪华的建筑物。吴王夫差则在宫中修建了海灵馆、馆娃宫，宫殿的柱子、栏杆都用珠玉装饰。当时曾对囿的规模做了规定：天子百里，诸侯四十里。

这个时期除了利用自然的山林、水池之外，已经开始了人工造山开池的工作，向人工造园迈进了一大步。古代文献《尚书·旅獒》中记载的“为山九仞，功亏一篑”及《论语》中记载的“譬如为山，未成一篑，止，吾止也”说的就是人造假山的事。

第二节
造园大发展、园艺大提高的秦汉时期
（公元前3—公元3世纪）

公元前3世纪，秦始皇并灭了六个纷争割据的诸侯国，统一了天下，开创了中国大统一的局面，从而得以集中更多的劳动力来进行各项建筑工程。公元前206年，刘邦灭秦。“汉承秦制”，把秦始皇时期所形成的大统一局面继承下来。其宫殿苑囿的规模更为扩大，皇家宫苑动辄百里、数百里，造园艺术与技术亦大大提高，私家园林蔚然兴起，在我国造园史上写下了光辉的一页。

《三秦记》上记载：秦始皇做长池，引渭水，东西二百里，南北二十里，筑土为蓬莱山。其造园工程之大可以想见。

将帝王宫殿与园苑结合在一起，是我国古代皇家园林的传统。有的在宫殿建筑群中布置单独和分散的小园，有的则在大型园苑之中建造宫殿朝堂。宫殿与园苑可以说是水乳交融。从西周时期的灵台、灵囿、灵沼，一直到清代的皇宫、北海、颐和园、圆明园，三千年来相继不断，而比较成熟的例子则始自秦始皇时。秦始皇并六国之后，即在咸阳之东筑上林苑，公元前212年，在苑中建前殿阿房，东西五百步，南北五十丈，上可以坐万人，下可以建五丈旗，周驰为阁道，自殿下直抵南山。此宫殿实际是上林苑中的主要建筑，因而在建成后，即把整个园苑称为阿房宫了。这一宏大豪华的宫苑伐尽了蜀山之木，耗尽了无数工匠的心血，但却在建成之后不久，被项羽一把火焚毁了。它的规模，我们只能从唐代诗人杜牧的《阿房宫赋》中略知一二。赋中描写说："覆压三百余里，隔离天日。骊山北构而西折，直走咸阳。二川溶溶，流入宫墙。五步一楼，十步一阁；廊腰缦回，檐牙高啄；各抱地势，钩心斗角……长桥卧波，未云何龙？复道行空，不霁何虹？高低冥迷，不知西东。歌台暖响，春光融融。"真可谓是一座前所未有的宏大宫苑了。

汉代宫苑的宏大更胜于秦。汉文帝之子梁孝王所营的东苑（也称作兔园或梁园），方三百四十里。园内有落猿岩、栖龙岫、雁池、鹤洲、凫渚和许多宫殿楼观相连接，并有奇花异树，珍禽怪兽。汉武帝时又将秦代的上林苑加以充实扩展，

3 元李容瑾界画《汉苑图》，表现了汉代皇家园林的宏伟规模和精湛的建筑工艺

3

建离宫七十余所。武帝还经营了规模更为宏大的甘泉苑，周围五百四十里，苑内建宫殿百余处，又开建了昆明池、蒯池、西陂池、牛首池等。此外，汉代著名的皇家园苑还有乐游苑、思贤苑、博望苑、御宿苑、西郊苑、西苑、显阳苑、宜春苑等。20世纪90年代在广州市区发现的一处西汉时期南越王宫署遗址中的园林遗址，有石池、石柱、石栏杆、石渠等建筑的遗迹，说明了当时皇家园林造园艺术已经达到较高的水平。

1. 蓬莱三岛宫苑布局的形成

相传在我国东海中有蓬莱、方丈、瀛洲三座仙山。其上有崇丽楼阁、珍禽怪兽、奇花异草及长生不老之药，是令人神往的仙境所在。秦始皇、汉武帝都做了许多努力想要入海登仙山，但终未成功。真的仙境没有，长生无术，但是要在人间制造一点“仙境”还是有可能的。于是秦始皇在上林苑长池之中建造了蓬莱山，汉武帝在建章宫内开太液池，并于池内筑蓬莱、方丈、瀛洲三座“海上神山”，造出了“人间仙境”，由此开辟了造园布局上的一个新境界。因为水是园林中不可缺少的部分，无水的园林是很难经营的，所以历代帝王的宫苑大多具有较大的水面；而水面如果空荡无物则平淡无趣，海上三神山的仿建，正弥补了这一不足。加之在山上布置的一些亭台楼阁，每当烟雾迷蒙之际，确有一些仙境的意味。今天留下的许多古典园林，如北京的三海、颐和园等都是按照海上三神山（仙岛）的方式布置的。这种所谓“移天缩地在君怀”的技法，两千年来经久不衰，即从模仿自然山水进而摹效人工的景物。清代的圆明园、颐和园、避暑山庄等汇集全国胜景于一园，也是由此发展而来的。

2. 造园技法的成熟及人工堆山叠石、人造水景的发展

对园林景色构成的几个主要因素，即建筑、山水、花木、禽兽等等的利用与营造技法，在秦汉三国五百年的时间里可以说已经达到了非常成熟的地步。所谓的造园艺术、造

4 杭州西湖全景鸟瞰（黄晓供图）

4

园技法也就是对这些因素的安排布置和加工创造。山水、花木、禽兽本为自然天赋，应以利用为上，但自然之物毕竟不能完全如人所愿，因此，从来奥境名区，天工、人巧各居一半。造园的意义也就在于将天工所遗加以人巧的功力，不然便只是自然保护区了。凡园中无山者要造山景，无水者要造水景，无花木者要植花木，无禽兽者要育禽兽。从汉代的历史文献中，我们不难看出当时造园技法所达到的高度。《汉官典职》上说："宫内苑聚土为山，十里九坂，种奇树，育麋鹿、麑麃、鸟兽百种。激上河水，铜龙吐水，铜仙人衔杯，受水下注，天子乘辇游猎苑中。"这里所说的"激上河水，铜龙吐水"，即是人工制造的喷水水景。这在世界造园史上算是先驱了。

5

—5 广州西汉南越王宫署花园遗址

3. 山水园、植物园、动物园与宫殿居住相结合的综合性宫苑的形成

中国古代帝王的宫苑规模庞大，内容丰富，因而在世界造园史上占有重要的地位。试观秦汉时期的上林、甘泉诸苑，莫不是把宫殿、山水、植物、动物集聚一起。这样的帝王宫苑相传了两千多年。

4. 私家园林的兴起

在秦以前，除帝王、诸侯、卿相等达贵官员外，一般商民很少营置较大的园林。到了汉代，造园之风并及富户豪绅，而且经营的园林规模之大、内容之丰富也是十分可观的。如茂陵富人袁广汉在洛阳北邙山下所筑的园子，“东西四里，南北五里，激流水注其内，构石为山，高十余丈，连延数里。养白鹦鹉、紫鸳鸯、牦牛、青兕，奇兽怪禽，委积其间。积沙为洲屿，激水为波潮。其中致江鸥海鹤，孕雏产彀，延漫林池。奇树异草，靡不具植。屋皆徘徊连属，重阁修廊，行之移晷，不能遍也”。像这样的私家园林足可与帝王宫苑相媲美了。这种居住与园林相结合的宅园延续了两千年。

第三节

城市绿化发展、寺观园林兴起的两晋南北朝时期（265—589年）

司马炎结束了三国鼎立的局面，建立了晋代，继而南北朝对峙，天下一分为二。在这合而又分的三百多年中，造园活动仍在不断发展。司马氏继承和利用魏的榴园，营建了琼圃园、灵芝园、石祠园、平乐苑、鹿子苑、桑梓苑、葡萄园等等园林。西晋建国不久即南迁，其宫苑规模较之秦汉要逊色，但是私家园林却继袁广汉之后争逐豪奢，最有名的是晋惠帝时期洛阳石崇所营的金谷园。石崇是中国历史上以富豪、珠宝斗胜的有名人物。他所营的金谷园，不仅亭台楼阁备极华丽，而且园林布置也请了高明艺匠，着意经营。晋时名士潘岳专门赞美金谷园的诗云："回溪萦曲阻，峻阪路威夷。……滥泉龙鳞澜，激波连珠挥。……灵囿繁石榴，茂林列芳梨。……"可见，园内的水景和花木景色是非常突出的。此外，还有一些文人士大夫，如谢安、顾辟疆、司马道子等也都崇饰园林。司马道子使赵牙所营东第宅园，筑山穿池，列植竹木，并在水边仿宫人设酒肆沽卖，乘船就饮，把社会生活的"活景"搬入园中。千余年后颐和园中的苏州河买卖街仍使用了这一技法。

城市绿化在我国也出现得比较早。如秦汉时期，即有行道树的规制。现在记载城市绿化有文字可考者以建业为最好。左太冲《吴都赋》中曾写道:“驰道如砥，树以青槐，亘以绿水，玄荫眈眈，清流亹亹。”到晋室南迁，对建康的城市绿化、美化更是注意。在宫城外种植橘树，宫墙内种石榴，宫殿和三台、三省官衙列植杨柳，从皇宫南面的夹道出朱雀门的道路上种满垂柳与槐树。齐谢朓在《入朝曲》中描写说:“江南佳丽地，金陵帝王州。逶迤带绿水，迢递起朱楼。飞甍夹驰道，垂杨荫御沟。”

南朝宋、齐、梁、陈四个朝代在建康营建的园苑遍布城郊。著名的有宋的乐游苑、青林苑、西苑、南苑，齐的娄湖苑、新林苑、博望苑、芳乐苑，梁的兰亭苑、江潭苑、建兴苑、华林苑、上林苑、玄圃、延香园，等等。玄圃在台城东七里钟山之麓，楼阁奇丽，山水极妙。其中的数百间楼观是用机关巧节制作的，顷刻之间可以建成，须臾即可撤除，迁移他处，可以说是一种活动房屋。这种活动房屋在以后的许多园林中也常出现，现在承德避暑山庄内还有类似的活动帐殿。

北朝园林，首推北魏道武帝在平城所营鹿苑。其规模“南因台阴，北距长城，东包白登，属之西山，广轮数十里。凿渠引武川水，注之苑中，疏为三沟，分流宫城内外”。此外，较为著名的北朝园林还有北齐的仙都苑，后燕的龙腾苑，后赵的桑梓苑、华林苑，等等。

两晋南北朝时期在中国造园史上突出的贡献是寺观园林的兴起，它为中国园林增添了一个新的类型。佛寺的修建

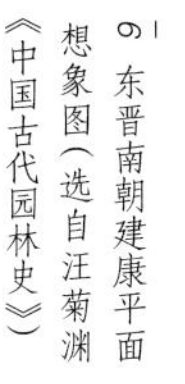

6

6 东晋南朝建康平面想象图（选自汪菊渊《中国古代园林史》）

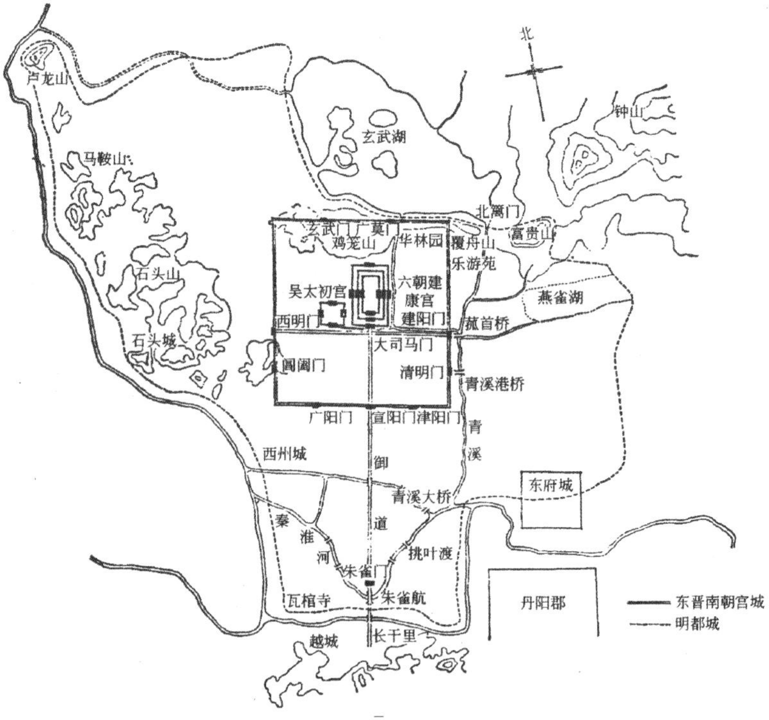

始于东汉，起初是作为礼佛的场所，后来由于僧人、施主居住游乐的需要，逐步在寺旁、寺后开辟了园林。由于舍宅为寺、舍宫为寺之风的影响，不少皇家园林、住宅园林被改为寺庙，寺院园林的修造因此达到了很高的水平。河南登封的嵩岳寺，在北魏时名叫闲居寺，原是皇家的离宫舍作寺庙的。郦道元《水经注》上记载：“山堂水殿，烟寺相望。”南朝的寺庙也非常多，不少寺庙都建有园林。唐代诗人杜牧在诗中云：“千里莺啼绿映红，水村山郭酒旗风。南朝四百八十寺，多少楼台烟雨中。”寺院又成了风景园林中的组成部分。当时的同泰寺（今江苏南京鸡鸣寺）除了大小佛殿以外，还布置有精美的园林。在璇玑殿外，用石头堆叠假山，并布置了水法。至于栖霞寺则布置得环境更清幽，引人入胜，有“镜潭月树之奇，云阁山堂之妙”“崖谷泯入世之心，烟霞赏高蹈之域”，至今仍然是南京的风景名胜。

南北朝佛寺中的园林不可胜数，其中有许多是水平很高的作品。

自此以后，园林与寺庙结为一体，凡是较大的寺庙都有园林，较大的园林中必有寺庙。皇家的宫苑必以寺庙为点缀，如北京的北海琼华岛正中就是一组寺庙建筑（永安寺），北海北岸还有天王殿、阐福寺、小西天等庙宇。颐和园后山有大型的喇嘛庙。承德避暑山庄内有永佑寺、珠源寺等等。寺观中的园林还有公共园林的性质，其中一些寺观甚至以一特殊景色遐迩闻名。唐代长安的玄都观遍种桃花，是长安闻名胜景，每年桃花开放时节，观内老少咸集，仕女如云。现今北京法源寺的丁香也久负盛名。苏州的西园本是戒幢律寺西侧的一个小园，由于园林有名，寺的名字反而鲜为人知了。

我们可以得出这样一个结语：园林艺术丰富了寺观建筑的内容，而寺观的建筑又增添了园林的景色。二者互为补益，相得益彰。

第四节

宫苑竞奢，私园崛起，诗画、山庄式园林兴盛的隋唐时期

（581—907 年）

隋代结束了南北朝的分裂割据局面，但其统一的局面为时短暂，代之而起的唐代文治武功盛越前朝，统治时间近三百年之久，可以说是中国历史上的一个极其兴旺的时期，文化艺术高度繁荣。

在帝王宫苑方面，此时踵事增华，竞逐豪奢。最突出的是隋炀帝时期。炀帝是一个穷奢极侈的君主，他大兴土木，营造宫苑。从大业元年（605 年）开始就动用百万人力，修建西苑。《海山记》和《大业杂记》上记载：西苑周围二百里，苑内聚石为山，凿池为五湖四海。五湖东曰翠光、南曰迎阳、西曰金光、北曰洁水、中曰广明。每湖方十里，湖中积土石为山，山上建有亭、殿，曲折环绕，穷极人间华丽。北海方圆四十里，海中仿建蓬莱、方丈、瀛洲三仙山。山上修台榭回廊，山上风亭、月观都用机械制作，忽而升起，忽而消失，宛如仙山楼阁，时隐时现。炀帝还下诏全国将所有名贵的鸟兽、草木经驿站转运到京师。西苑又分十六院，为景明、迎晖、栖鸾、晨光、明霞、翠华、文安、积珍、影纹、仪凤、仁智、清修、宝林、和明、绮阴、降阳，院名都是他自己所取。每院中遍植各类花木，芬芳满园。但是到了

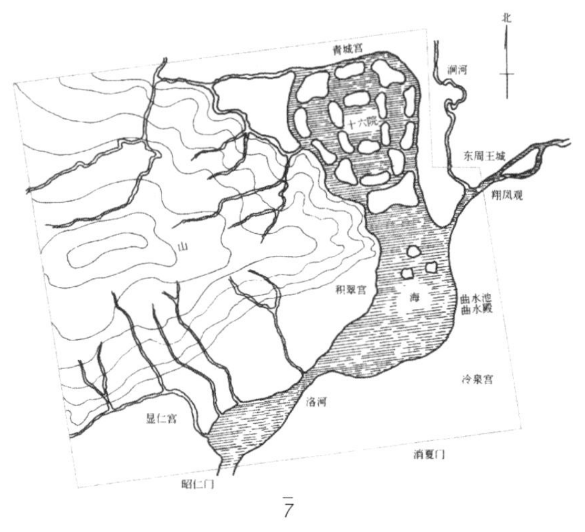

7

7 隋西苑复原示意图（选自汪菊渊《中国古代园林史》）

寒冬，不免花树凋零，景色凄凉。为了弥补这一缺陷，工匠们用五彩锦缎剪成各种花叶，扎于树上，池沼之内也剪荷叶莲花浮于水面。若颜色褪去或是折损时，即以新的更换。这也算是一种人力回春的办法吧！此外，隋炀帝还修造了东都苑、天苑及华林苑等园林。

唐代继承了隋的宫苑规模，加以增饰，并新建了不少园林。神都苑，东面七十里，南面三十九里，西面五十里，北面二十四里，周围一百八十三里，继隋之后面积又有所扩大。据《长安志》记载，在宫城之北有禁苑，东西二十七里，南北三十三里，东接灞水，西接长安故城（汉长安），南连京城，北枕渭水。另外，还建有御苑、鹿苑、上苑等等。

以上所述皇家园苑，由于自然和人为的破坏，俱已成为灰土，关于其规模，只能从文献记载中得知梗概。唐代宫

8 陕西隋唐九成宫大殿遗址

9 唐大明宫含元殿复原图（选自傅熹年《古建撷英》）

8

9

10 唐代华清宫示意图（选自汪菊渊《中国古代园林史》）

10

苑地址之可考者，尚有骊山华清宫，即今之临潼华清池。其位置在今西安东三十余千米的临潼区之南的骊山脚下。华清宫以温泉著名。唐代的时候，宫殿楼台依山而建，围绕温泉遍布游廊亭榭。这里曾是唐玄宗和杨贵妃常来游幸之所。诗人白居易在《长恨歌》中以“春寒赐浴华清池，温泉水滑洗凝脂”的诗句，盛赞这里温泉水质之佳。现在的华清池虽经历代修建，建筑已非原状，但山形、地势仍是千余年前遗迹。近年在华清宫发现了唐代石砌浴池的遗址，为这一著名宫苑的历史情况提供了可贵的资料。

中国式的园林之所以能发展到很高的艺术意境，与中国深厚的文学艺术基础有很大关系。许多描写山川形胜的诗句和书画都是造园艺术家及工匠们绝好的借鉴。不少诗人、画家甚至直接参与了园林的经营设计，因而在唐代出现了一个诗画园林的流派。他们以自然景色为主导思想，利用自然的山水泉石、闲花野草，不求金碧辉煌，不事精雕细刻，在艺术上达到了很高的境界。如唐代著名的画家和诗人王维所经营的“辋川别业”，即是一处按照他自己所绘的图画设计而成的园林。园内布置如诗如画，有孟城坳、华子冈、文杏馆、斤竹岭、鹿柴、木兰柴、茱萸沜、宫槐陌、临湖亭、南垞、欹湖、柳浪、白石滩、金屑泉、竹里馆、辛夷坞、椒园、漆园等等乡郊景色。在南垞放鹤，在山溪养鹿，在横川上架圆月桥，在湖沼上放舟，务尽其田野风光之美。诗人白居易也是一位有名的园林设计师，我们从他的《草堂记》和致友人元稹书中，可以领略到他所营建的庐山草堂的山野园林的意趣。与元稹的信中云：“……去年秋，始游庐山，到东西二林间香炉峰下，见云水泉石胜绝第一，爱不能舍，因置草堂。前有乔松十数株，修竹千余竿。青萝为墙垣，白石为桥道，流水周于舍下，飞泉落于檐间。红榴白莲，罗生池砌，大抵若是。”《草堂记》中说：“……元和十一年秋……作为草堂。明年春，草堂成，三间两柱，二室四牖……木斫而已，不加丹；墙圬而已，不加白；砌阶用石，幂窗用纸，竹帘纻帏，率称是焉。……是居也，前有平地，轮广十丈，中有平台，半平地。台南有方池，倍平台。环池多山竹野卉。池中生白莲、白鱼。……堂北五步，据层崖积石，嵌空垤块。杂木异草，盖覆其上，绿阴蒙蒙，朱实

离离……堂东有瀑布，水悬三尺，泻阶隅，落石渠，昏晓如练色，……其四傍耳目杖屦可及者：春有‘锦绣谷’花，夏有‘石门涧’云，秋有‘虎溪’月，冬有‘炉峰’雪……”真可谓是一处诗画园林艺术佳作了。

又如李德裕所置的平泉庄，也是一处精心布置的诗画园林。该园在洛阳城外三十里处，园中的花木台榭恍若仙府，康骈《剧谈录》云：有虚槛前引，泉水萦回。穿凿像巴峡、洞庭、十二峰、九派，迄于海门，江山景物之状。……有平石，以手摩之，皆隐隐见云霞、龙凤、草树之形。

唐代宰相裴度，由于宦官专权，便辞官到东都集贤里，经营园林。其园林设计之精美可堪称道。园中有湖，湖中筑了百花洲，洲上起堂，名曰四并堂。此外，还有桂堂、迎晖亭、梅台、环翠亭、翠樾轩等，各具特色。又寻觅了江南的

11 唐代王维辋川别业想象图（选自汪菊渊《中国古代园林史》）

11

珍木奇石，列于堂前。这一园林的设计曾被称为能兼顾宏大与幽邃、人工与天然、水泉与眺望六者的作品。

在隋唐时期还有两处园林需要提及。一是长安之曲江池，本来是汉武帝时之宜春苑，因池水曲折，故名曲江。周围六里，是一处天然形胜的郊苑，汉代后已废，隋代筑大兴城（即长安）时把它包入城的东南角，重加修整经营，开黄渠引浐水穿城入池，园池复兴，改池名芙蓉池，苑名芙蓉园。唐代再加疏治，又名曲江，池面七里，并筑紫云楼等楼阁亭榭于湖岸，花木周环，烟水明媚，为都中第一胜景。此园的特点是带有皇家开辟之公园性质。每当中和（二月初一）、上巳（三月初三）等节日，自帝王将相至商贾庶民，莫不云集于此。唐玄宗还于三月初三在此赐宴臣僚及新科进士。二是山西新绛的绛守居园池。园子在新绛城西北隅，古

12 唐长安曲江位置图（选自周维权《中国古典园林史》）

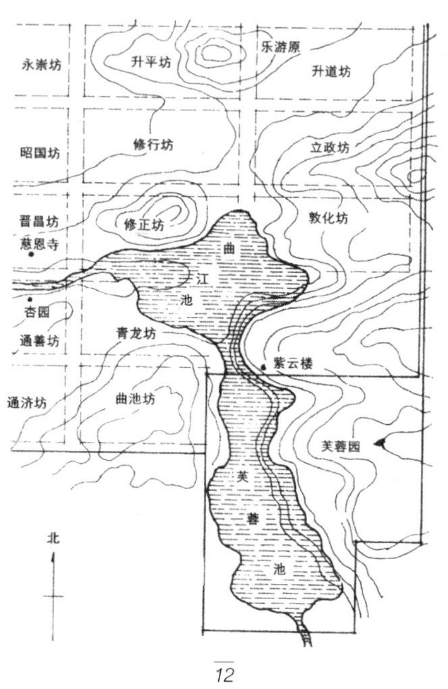

12

绛州衙署之后，亦称莲花池，是现存可考的隋代花园遗迹，俗称为隋代花园。园池创建于隋开皇十六年（596年），虽经历代修葺，但整个布局规模仍大体保持了隋代形貌。所谓绛守居者，乃是绛州长官居住之地，园池即其衙署的宅园。梁轨经营此园时，也费了一番心思。首先是引鼓水入园，蓄水为池沼，然后相宜布置亭、台、楼、阁、小桥、孤岛、假山、堤岸等。该园历经一千四百多年变迁，现西部为莲池，与蓄水池以渠相贯通，池南为回涟轩，池西有冬景亭，周环翠竹。园的中心有一土丘横贯南北，通向静观楼。东侧叠石为山，有影壁、六角形拱门及春景亭、八卦亭、拙亭、燕节楼、望月台、苍塘风堤、孤岛等。宋代范仲淹曾有《居园池》诗云："绛台使君府，亭阁参园圃。一泉西北来，群峰高下睹。"此外，还有一篇园池的"涩文"使人难以解释，可见这一园池多引人注意了。

唐末五代十国分立，战乱频繁，然而一些帝王仍然不停享乐，继续营建宫苑。如前蜀王衍所起之宣华苑，苑内有重光、太清、延昌、会真之殿，有迎仙之宫，有降真、蓬莱、丹霞之亭，有飞鸾之阁、瑞兽之门，等等。

第五节
堆山叠石艺术的高潮，宫苑南北争丽的宋、辽、金、元时期
（960—1368年）

宋代虽然结束了五代十国的分裂局面，但并未统一全国，辽、金先后统治北方，南北对立长达三百余年。这时期的造园活动，除了继续经营帝王宫苑和私家园林之外，在造园技法上，堆山叠石发展到了高潮。以宋徽宗所营艮岳为代表的堆山叠石作品，是我国造园史上的杰作。宋室南迁，汴京宫苑被毁，南宋朝廷又在临安（今浙江杭州）大修宫苑。金迁都中都（今北京），又起琼华岛，开西华潭（今北京北海、中海），南北争胜。元建都大都（今北京），以太液池为

13 北宋张择端画《金明池争标图》

13

中心，宫殿环池修建，更进一步把宫和苑结为一体，在园林布局和造园技法上也有了很多创造。太湖石除了作为堆叠高山深洞的原料之外，还被大量作为单独观赏的玲珑石，自宋以至于明、清相传不衰。有些名石甚至被写入了帝王的书画卷，有些则相传千年，至今仍然保存于世。

诗画园林，自唐以来，时隐时出，到了元代，以画家倪云林（倪瓒）为代表，自己参加设计园林，出现了许多富有诗画意境的作品。苏州狮子林即是倪云林按照他所绘图画的意境而建造的。历代虽有修改，但遗意尚存。

宋太祖赵匡胤以黄袍加身的兵变形式，夺取了皇帝位，未引起战火，因而汴梁宫殿园苑仍被继续使用。随着政权的逐步巩固，宋室又相继营建了许多园苑。宋代初期有四园，分别为琼林苑、宜春苑、玉津园和金明池。玉津园是五代后

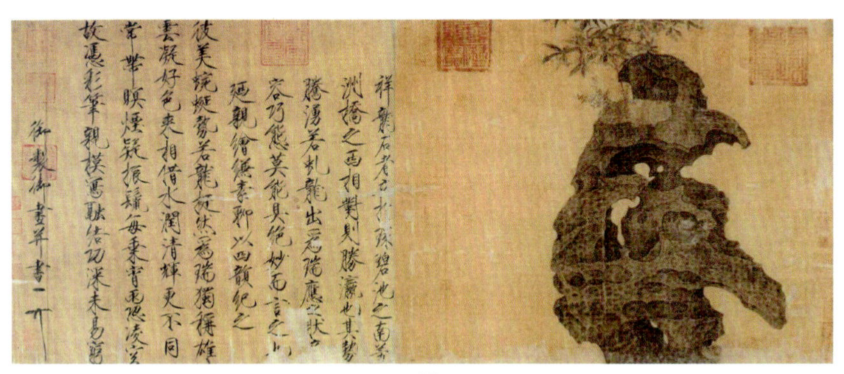

14 宋徽宗所画《祥龙石》

周时期所开，琼林苑、宜春苑为太祖时所经营，金明池则为太宗时开辟以练习水上游戏之用的。现存天津博物馆的一幅《金明池争标图》是宋代的写实之作，十分名贵，描绘了金明池的园林建筑，从图上可看出当时水上游戏的壮观场面。宋太宗早年的宅园奉真园，起初并未经营得十分华丽，曾经还置有村居野店，宛若深山大泽坡野之间的景象。

到了宋徽宗时，这位以书画著称的皇帝对园林山石十分爱好，着意玩赏，还画了许多玲珑山石，并题记赋诗。现在故宫博物院所藏的一幅《祥龙石》就是他的作品之一。在这样一位既有书画文才，又有园林山石爱好，更具有无上权力和巨大财力的皇帝的着力经营下，一座空前精美的园林——艮岳出现了。然而由于在建园过程中，劳民伤财，所谓“花石纲”给人们带来极大的灾难，激起了人民的反抗。金兵乘机南下，二帝被俘，国都沦陷。这一园林杰作不久即被拆毁，精美太湖石转运中都，装点了琼华岛。关于这一园林的情况，有宋徽宗自己所作《艮岳记》和张淏等人的《艮岳记》及许多诗赋文章，描述甚详，为研究这一园林提供了重要的文献资料。张淏《艮岳记》上说："徽宗登极之初……自后海内乂安，朝廷无事，上颇留意苑囿。政和间，遂即其地，大兴工役，筑山号'寿山艮岳'，命宦者梁师成专董其事。时有朱勔者，取浙中珍异花木石以进，号曰'花石纲'，专置应奉局于平江，所费动以亿万计，调民搜岩剔薮，幽隐不置，一花一木，曾经黄封，护视稍不谨，则加之以罪。斫山辇石，虽江湖不测之渊、力不可致者，百计以出之……太湖诸石，二浙奇竹异花，登、莱文石，湖、湘文竹，四川佳果异木之属，皆越海渡江、凿城郭而至……竭府库之积聚，萃天下之伎艺，凡六载而始成，亦呼为'万岁山'。奇花美木，珍禽异兽，莫不毕集。飞楼杰观，雄伟瑰丽，极于此矣。"

宋徽宗的《艮岳记》还详述了这一园林修建经过与园林的布局和景色：园内雕栏玉槛，岗阜连绵，有外方内圆如半月的书馆，有屋圆如规的八仙馆，有承岚昆云之亭，有龙吟之堂，有揽秀之轩，有倚翠楼、跨云亭、三秀堂、巢云亭、环山馆，等等，建筑造型别致，结构特异。"寿山嵯峨，两峰并峙，列嶂如屏，瀑布下入雁池，池水清泚涟漪，凫雁浮泳水面。""……而东南万里，天台、雁荡、凤凰、庐阜之奇伟，二川、三峡、云梦之旷荡……未若此山并包罗列，又兼其绝胜……山在国之艮，故名之曰艮岳。"李质和曹组的

15 艮岳平面设想图（选自周维权《中国古典园林史》）

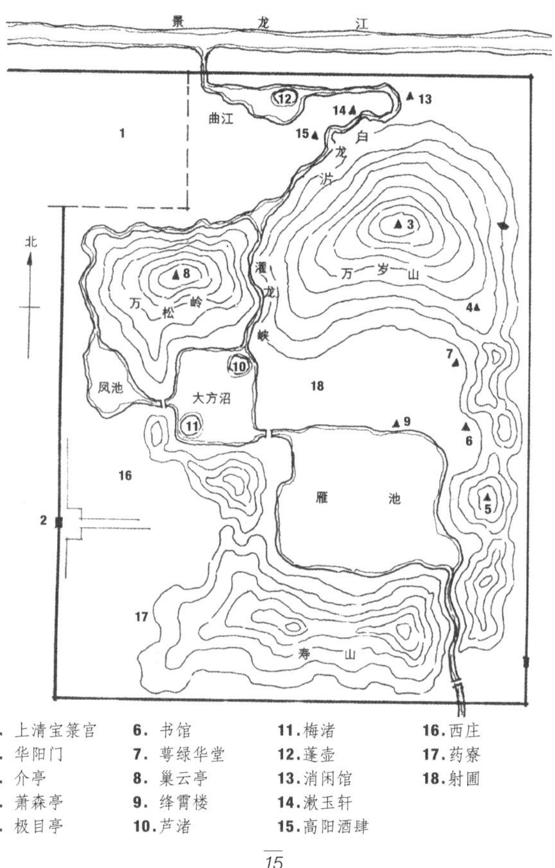

15

《艮岳百咏》诗，还分别描述了园中一百处突出的景点与建筑物，为这一建成不久即被毁掉的园林佳作留下了丰富的史料。

北宋时期的私家园林，以洛阳为盛。曾任宰相的富弼在辞官之后，用二十年的时间，自己规划经营了一所精美的宅园。其中亭台花木独运匠心，逶迤曲直，清爽深密。宰相文彦博的东园则以烟水渺茫、视野广阔著称。泛舟游览其

16 宋画中的台（刘宗古《瑶台步月图》）

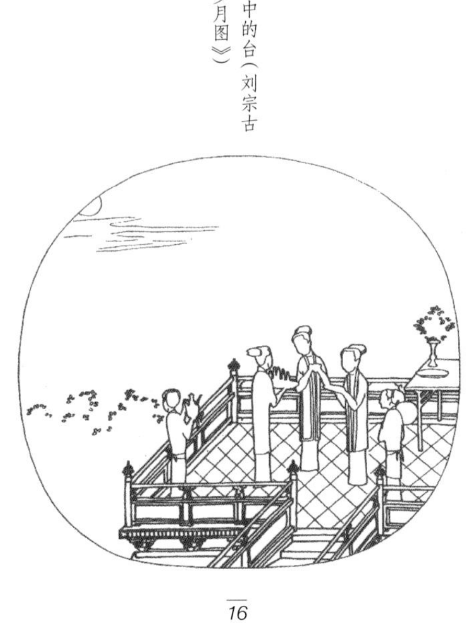

16

间，如在江湖之中。此外，还有董氏东园、董氏西园，丛春园，苗帅园，赵韩王园，李氏仁丰园，紫金台张氏园，水北园、胡氏园，独乐园，等等。唐代的两座名园——白乐天的大字寺园和裴度的湖园在北宋时期也还保存着。关于北宋时期洛阳园林的情况，《洛阳名园记》一书做了详细的记载，为我们今天的研究提供了珍贵的历史资料。

宋高宗匆匆南迁，还未及定都，暂至金陵（今江苏南京）的时候，就经营御园、八仙园。建炎三年（1129年），将杭州作为临时的首都，改名为临安府。南宋王朝在此建都达一百四十多年之久，兴修了大量宫殿园林。时人吴自牧所写的《梦粱录》、周密的《武林旧事》、周淙的《乾道临安志》以及西湖老人的《西湖老人繁胜录》等书都对此做了详细的记载。《梦粱录》上描写临安宫殿时说："大内正门曰丽正，其门有三，皆金钉朱户，画栋雕甍，覆以铜瓦，镌镂

17南宋临安平面示意及主要宫苑分布图（选自周维权《中国古典园林史》）

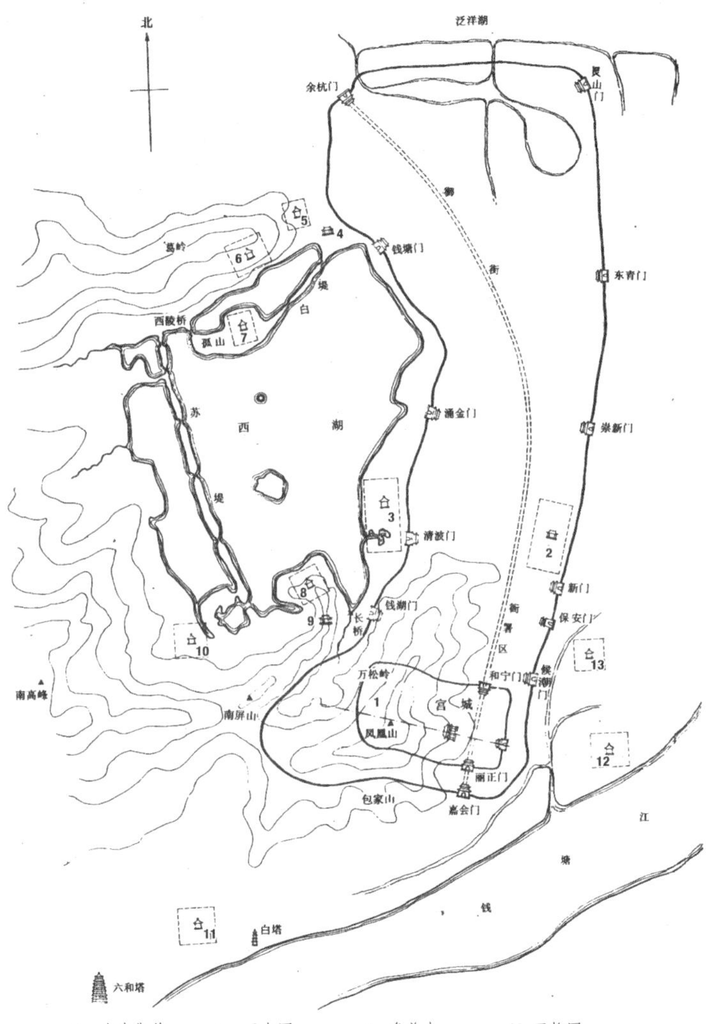

1. 大内御苑
2. 德寿宫
3. 聚景园
4. 昭庆寺
5. 玉壶园
6. 集芳园
7. 延祥园
8. 屏山园
9. 净慈寺
10. 庆乐园
11. 玉津园
12. 富景园
13. 五柳园

17

龙凤飞骧之状，巍峨壮丽，光耀溢目。”在望仙桥东又有德寿宫，宫内有梅堂、酴醾亭、芙蓉冈、木香堂、郁李花亭、荷花亭、木樨堂、牡丹馆、海棠大楼子、椤木亭、清香亭等，是一处以园林为主的宫殿。宫中栽种了菊花、芙蓉、修竹、梅花等花木，并且还开了一个大池沼，引水注入，叠石为山，以仿效飞来峰之景。在清波门外有聚景园，嘉会门外有玉津园，钱湖门外有屏山园，钱塘门外有玉壶园，新门外有富景园，葛岭有集芳园，孤山有延祥园。此外，还有琼华园、小隐园等等，均与湖山结合，相宜布置。至于王公贵戚、富贾豪绅园林和寺观园林错落布置于西湖岸边、山峦脚下、城市之间者，不计其数。如王氏富览园、张府北园、杨府秀芳园、张府真珠园、北山集芳园、净慈寺南翠芳园、三茅观东山梅亭、庆寿庵褚家塘东琼花园、下竺寺园、昭庆寺后古柳林等等。南山庆乐园内有十样亭榭，工巧无二，俗谓之鲁班所造。射圃、走马廊、流杯池、山洞，堂宇宏丽，野店村庄，装点时景，观者不倦。从以上情况我们可以得知，整个杭州的湖山在南宋时已经是一处大园林了。意大利的马可·波罗在其游记中曾经描写杭州宫苑说：“宫殿规模之大，在全世界可称最……垣内花园，可谓极世界华丽快乐之能事，园内所植均为极美丽之果树，园中有喷泉无数，又有小湖，湖中鱼鳖充斥。中央是为皇宫，一宏大之建筑也……”由此也可以证明，《梦粱录》《武林旧事》等书中所说杭州园林盛况是真实的。

辽、金园林，文献上记载较多的是今天北京北海、中海的前身。从辽代开始，这里成为帝王郊苑的中心。907年，契丹族建国，938年把幽州改为南京，开始修建宫殿和苑囿。辽南京的皇城在现在北京广安门南侧。在城内除了建临水殿、内果园、栗园、凤凰园、柳园等宫苑外，还选择了城东北郊外，距城数里的水池水岛处修建离宫瑶屿，就是现在北海的琼华岛和北海水面。

天德五年（1153年）金建都中都后，即大力营建宫殿园苑。在宫城内建了鱼藻池、鱼藻殿，作为游乐和赐宴群臣之处。此外，还有瑶光殿、香阁、凉楼等建筑。金世宗时期（1161—1189年）着力经营了琼华岛，当时这里有大宁宫（后更名寿宁宫、寿安宫、万宁宫），还有琼林苑，苑内有横翠殿、宁德宫。西园（即今北海的位置）有瑶光台及瑶光楼。为了堆叠琼华岛上的假山，皇帝专门派人拆下汴京艮岳的太湖山石运到岛上，现在岛上还保存有当时的遗物。运送这些山石，费了不少劳力。据文献记载，当时皇帝曾下令沿途州、县可以把运送粮米的差役改运山石，所以人们把这些山石称作“折粮石”。

当时的中都还有不少的园子。城南有建春宫及南苑，又有东苑、北苑、后苑、芳苑、环秀亭等等。

1260年冬天，蒙古汗忽必烈从都城哈拉和林来到中都，因为城内金代宫殿已经毁于战火，他只好住在东北郊外的大宁离宫。他见到琼华岛上建筑精巧，花木茂盛，山石奇特，

18 琼华岛漪澜堂建筑群（吕泽华摄）

18

风景优美，四周又是绿水环绕，确是一个很好的所在。较之已被焚毁的中都遗址，这里在自然条件上优越许多，还有可以供给城市使用的水源。于是便以此为基础兴建新的都城，即元代的大都。琼华岛和太液池成了大都皇宫的中心。

大都宫殿布局，可以说是我国历代帝王宫殿与园林结合得最紧密、最完整的例子。它以琼华岛和太液池（今北京北海、中海）为中心，三组宫殿建筑群环绕着太液池而建，最大的一组叫大内，是上朝和皇帝居住的地方，大致今北京故宫的位置。大内之北还保存了一片庞大的绿化地带，并养育一些珍禽异兽，称之为“灵囿”。池的西北、西南分建了兴圣宫和隆福宫，作为太后和太子居住的宫殿，与大内鼎足而立。宫宇四周广植花木，点缀山石，并有亭榭回廊把宫殿、楼阁连为一体。三组宫殿外建有一道二十里的萧墙。这一范围相当于明、清皇城的位置。

关于这一宫殿园林组群的情况，元代陶宗仪的《辍耕录》和明初萧洵的《元故宫遗录》描写得非常清楚。萧洵官至工部主事，负责管理皇家的工程。洪武元年（1368年），他奉皇帝之命从南京（当时明代的首都）到元大都毁坏元代的皇宫园苑。他看见元代的宫殿门阙、楼台、殿宇非常美丽深邃，门窗、栏杆、屏风、帷帐金碧辉煌，园苑中植满奇花异卉，并有丘峰山石罗列。园林建筑高低错落，即所谓“自近古以来未之有也”的佳境。现引他关于琼华岛、海子（即太液池）园林建筑的记录一段于下：“海广可五六里，驾飞

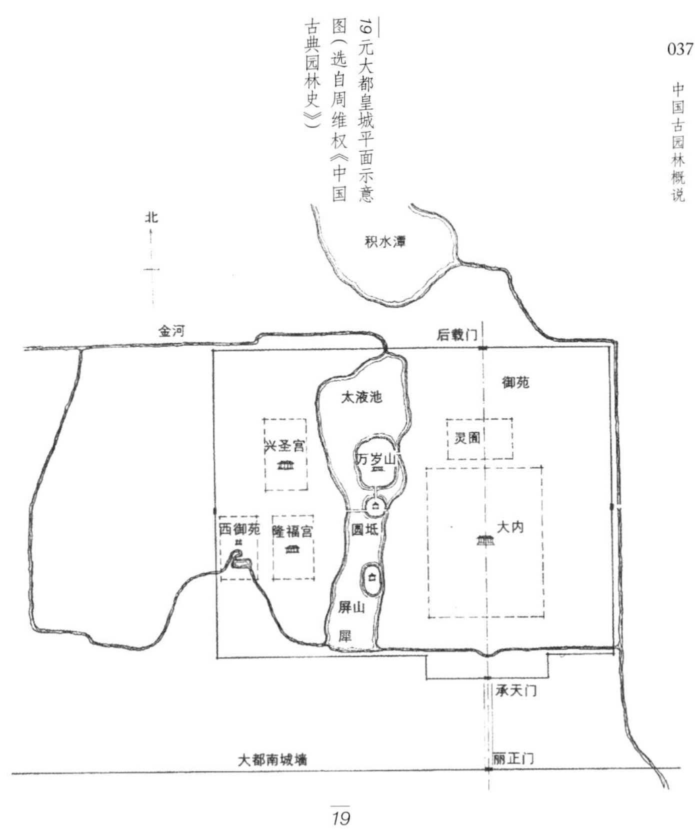

19元大都皇城平面示意图（选自周维权《中国古典园林史》）

19

桥于海中，西渡半起瀛洲圆殿，绕为石城圈门，散作洲岛拱门，以便龙舟往来。由瀛洲殿后北引长桥，上万岁山，高可数十丈，皆崇奇石，因形势为岩岳……幽芳翠草纷纷，与松桧茂树荫映上下，隐然仙岛。少西为吕公洞，尤为幽邃，洞上数十步为金露殿。由东而上，为玉虹殿……登广寒殿，殿皆绕金朱琐窗，缀以金铺，内外有一十二楹，皆绕刻龙云，涂以黄金……山左数十步，万柳中有浴室，前有小殿。由殿后左右而入，为室凡九，皆极明透，交为窟穴，至迷所出路……自瀛洲西渡飞桥上回阑，巡红墙而西……新殿后有水晶二圆殿，起于水中，通用玻璃饰，日光回彩，宛若水宫。中建长桥，远引修衢而入嘉禧殿。桥旁对立二石，高可二丈，

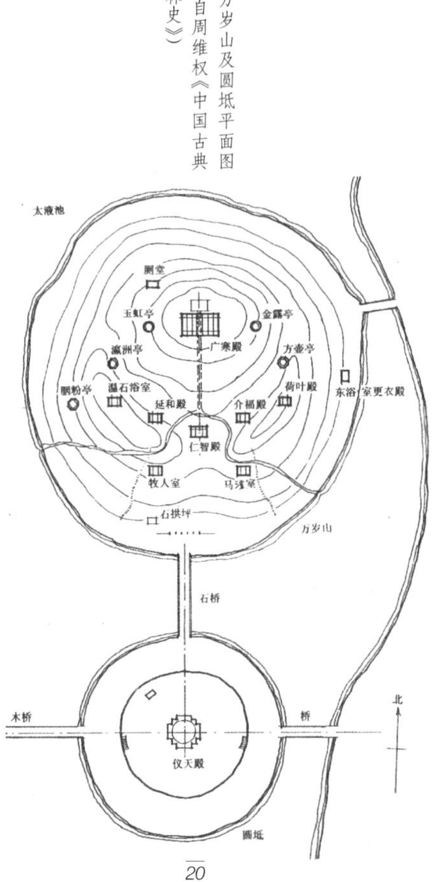

20 万岁山及圆坻平面图（选自周维权《中国古典园林史》）

阔止尺余，金彩光芒，利锋如斫。度桥步万花入懿德殿……由殿后出掖门，皆丛林，中起小山，高五十丈，分东西。延缘而升，皆叠怪石，间植异木，杂以幽芳。自顶绕注飞泉，岩下穴为深洞，有飞龙喷雨其中。前有盘龙，相向举首而吐流泉，泉声夹道交走，泠然清爽，又一幽回，仿佛仙岛。山上复为层台，回阑邃阁，高出空中，隐隐遥接广寒殿。”

关于飞龙喷雨、盘龙相向吐流泉及山上水景的水源，在陶宗仪的《辍耕录》中有详细的记述：“万岁山在大内西北，太液池之阳，金人名琼华岛……其山皆以玲珑石叠垒，

21元大都及其西北郊平面（选自周维权《中国古典园林史》）

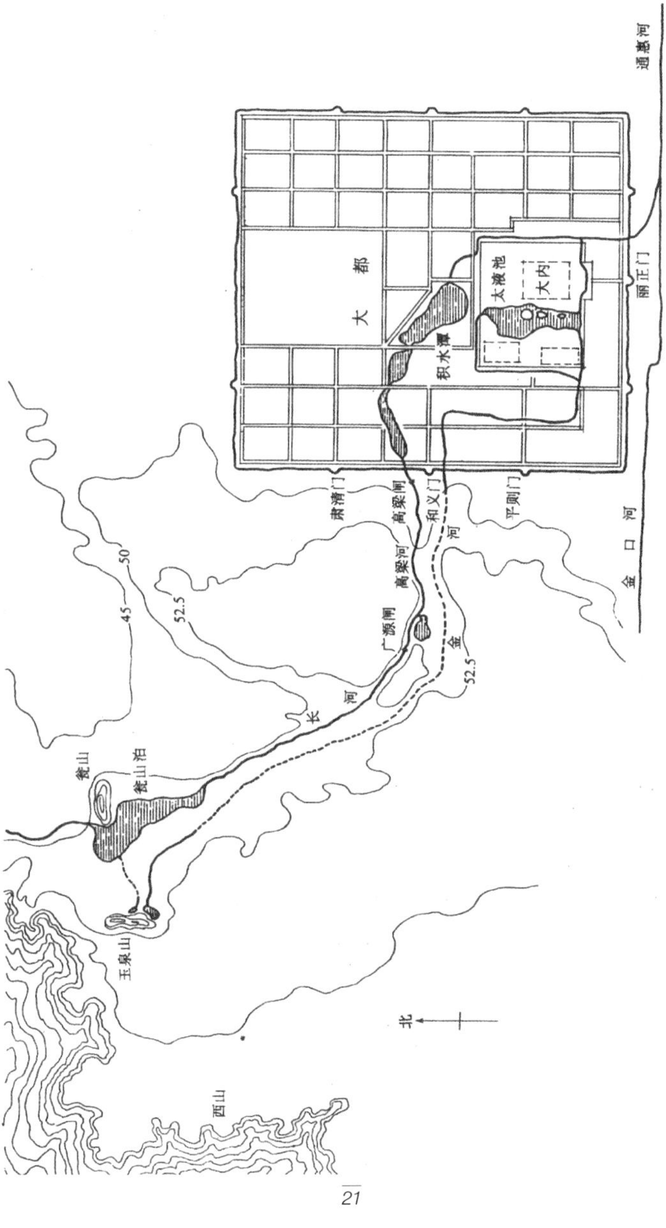

21

峰峦隐映，松桧隆郁，秀若天成。引金水河至其后，转机运夠，汲水至山顶，出石龙口，注方池，伏流至仁智殿后，有石刻蟠龙，昂首喷水仰出，然后东西流入于太液池。”这种方法与现代水塔的原理是相同的，即把水用机具提至高处，再用管道将水引向低处，利用水压使其喷流。

太液池中的万岁山、圆坻、犀山台三处岛屿，继承了海中三神山的布局方法，万岁山（琼华岛）即为蓬莱。圆坻（即仪天殿）在萧洵的记叙中已直称为瀛洲。犀山台即是方丈了。

除了大都城内宫苑外，元代还经营了南苑，方一百六十里，苑内有按鹰台，台旁有三海子。又在西郊经营了香山、玉泉山行宫，并疏治了瓮山泊，即今颐和园昆明湖。

元代的私家园林在大都有松园、万春园、杏花园等。江南园林中，现在尚存遗迹而又有文献可寻者，首推苏州狮子林。狮子林为元代画家倪云林所设计。倪云林善画山水，并广游湖池、山水。其设计与自然景色相融合，达到了很高的造诣。狮子林以假山叠石著称，园中石峰林立，山洞幽深，加之古柏苍松掩映，更觉景色奇美。因石峰中许多状似狮子，故以之命名。

第六节

中国古典园林的晚期造园高峰——明清时期（1368—1911 年）

明清时期，中国古典园林建筑艺术经过了两千多年的发展，在园林布局、造园技法及鸟兽养育、花木培植等方面都达到非常成熟的地步，造园艺术家辈出，加上经济也发展到了高峰，为大量的造园活动提供了物质和技术的条件，因此出现了我国历史上晚期造园的高峰，留下了许多不朽的园林佳作。今天保留下来的古典园林实物大多是这一时期建造的。

明清时期园林艺术的成就主要表现在以下几个方面：

1. 造园理论技法之总结

两千多年来，我国的园林设计师、造园工匠们在实践过程中不断总结经验，创造出了许多设计理论与造园技法。这在明以前的历史文献和诗赋文章中屡见不鲜，但作为造园的专著，则是从明代开始正式出现的。其中首推明代崇祯七年（1634年）计成所著的《园冶》一书。全书共三卷，按兴造论、图说、相地（选址）、立基（打基础）、屋宇（房屋建筑）、装折（栏杆装修等）、门窗、墙垣、铺地、掇山（假山堆叠）、选石、借景等分为十余篇。其中尤以掇山、选石两篇为计成实践经验之总结，展现出其很高的造诣。该书详细叙述了各种园林建筑与地势相配合的假山，如园山、厅

22 退思园二层凌空游廊
23 扬州片石山房大假山（视觉中国）

22

23

山、楼山、阁山、书房山、池山、内室山、峭壁山等，以及山峰、冈峦、悬崖、幽洞、深涧、瀑布、曲水、池沼等等各种景观的布置方法，还有太湖石、昆山石、黄石、灵璧石等材料的选用，是我国古代最为完整的一部造园专书。此外，如明代文震亨的《长物志》、清代李渔《闲情偶寄》中也有关于造园理论及技术的专门内容。至于散见在各家的散文、游记、诗词歌赋中的造园理论与记叙就非常之多了。

2. 造园名家辈出，造园工匠继起

理论来源于实践，实践又丰富了理论。明清时期的造园大师甚多，并有较详细的记载，而且他们的作品大部尚存，可以相互参证。明代叠石造园名家首推米万钟。他是陕西安化人，后随父落籍宛平（今北京），为著名画家米元章之后，善绘园景和山石，是著名山水画师。其性好奇石，故又名“友石”。他一生设计经营了许多园林，均在北京的近郊。漫园在德胜门内积水潭东，内有三层高阁。勺园在海淀，园大百亩，穿池叠山，长堤曲桥，丘壑亭台棋布。湛园为米万钟的宅园，有石丈斋、石林、仙籁馆、竹渚、饮光楼、猗台等景。南方造园名家有计成。计成为江南吴江人，字无否，生于万历初年，善画，好收集奇石，并且能以画意设计修筑园林。他替别人设计了许多园子，自己也经营园事。他最大的贡献是以其绘画技艺和艺术修养并结合自己的造园实际经验写成了《园冶》一书，总结了我国两千多年来的造园理论与技法，是我们今天研究古代造园艺术的重要文献资料之一。清代的张涟、张然父子亦是一代造园名家，尤以叠石著称。张涟字南垣，少年时候曾学绘画，以画人物肖像和山水见长，并以所绘山石的意境叠山造园。五十余年里，他在江南诸郡设计营建了许多园林，由于经验丰富，造园的时候胸有成竹，山石、花木的位置，一放而成，犹如按图施工一样。张然为张涟之子，继其父业，后来在宫廷中服役多年。北京的中南海瀛台、玉泉山静明园、圆明园以及王公大臣们的许多园子都出自其手。他一家人均操此业，时人称为“山子张”。浙江钱塘人李渔，字笠鸿，号笠翁，善诗画，尤长于园林建筑，曾在北京紫禁城东北弓弦胡同筑小园，叠石垒土，导水为池，池中建水亭，通双桥，平台曲室，幽静与平旷相间，为北京园林的佳作。除此之外，他还经营了伊园，晚年又筑了芥子园，并写了一本名叫《闲情偶寄》的书。他在书中的“居室部”中，对园林建筑有精辟的阐述。常州人戈裕良对园林亭台池馆的设计有很高的成就，尤以堆叠假山技艺高明。他用不规则湖石、山石发券成拱，坚固不坏。在苏州、常熟、如皋、仪征、江宁等地有他修筑的许多名园。

此外，明代还有北京的高倪、江苏的林有麟及浙江杭州的因叠山见长的“陆叠山”（佚名）。清康熙时营造畅春园的青浦人叶洮、广西梧州人道济、会稽人周师濂、江西人王松、广东潮阳人陈英猷、广州长寿寺僧大汕、扬州青年叠石家仇好石等也都是当时的造园名家。

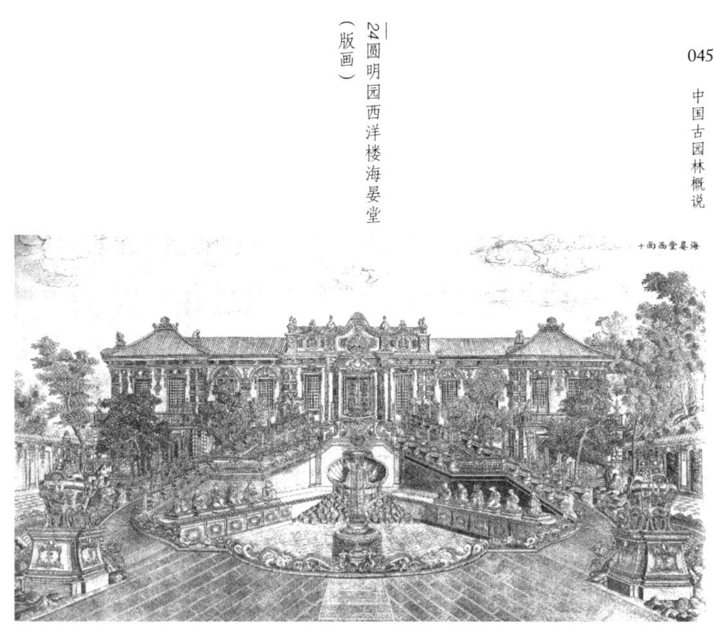

24圆明园西洋楼海晏堂（版画）

24

3. 外来因素的吸收

在中国建筑发展的几千年中，各地区都在不断交流，相互融合，互为补益。自1世纪前后中国与欧亚各国发生交往以后，中国建筑艺术即不断吸收外来的因素，丰富自己的内容。古塔即是吸收印度等国建筑艺术因素并不断创造发展的范例。中国园林艺术同样在不断吸收外国的东西，塔也已成了园林重要的组成部分。自明清以后，中外交往更为密切，西方音乐、美术、建筑等相继传入我国，首先被运用在宫苑的营建中。最有名的是圆明园中的海晏堂、线法山、谐奇趣、万花阵、远瀛观等被称为西洋楼的建筑，其特点是将欧洲当时盛行的巴洛克建筑艺术与中国传统的建筑手法相结合。由于这些西式建筑多以石雕砌筑，不易为火所焚，因此，经过1860年和1900年两次侵略战争毁坏，至今还留有残迹。

其他宫苑和私家园林，在明清时期虽然也吸取了西洋园林的一些技法，但因为中国园林有着深厚的传统、独特的风格，外来因素或被融合，或被同化吞噬，逐渐中国化了。

4. 集景式园林的大量发展

中国古代园林规模宏大，兼容并蓄，移天缩地，但发展成集景式园林，以集锦的方式把各地美景（包括现成的名园）搬入园内，集天下名园之大成，到明清时期才算是发展到了高峰。其中又以清康熙、乾隆两朝所经营的几处大型宫苑为甚。康熙和乾隆都是在位六十年以上的皇帝，又值王朝的前期，政治、经济基础比较好。他们多次巡游江南，饱览了江南的秀丽山川和苏、杭等地的湖山景色及园林，其经营的皇家园苑多仿建江南景色。如圆明园中的一百多处景点，大多仿自江南。其中有仿照杭州景色的“断桥残雪”“柳浪闻莺”“平湖秋月”“雷峰夕照”“三潭印月”，有仿照宁波天一阁藏书楼的“文源阁”，仿照桃花源的“武陵春色”，等等。清漪园（今北京颐和园）中的西堤六桥是仿照杭州西湖的苏堤而布置；谐趣园是仿江苏无锡惠山寄畅园而建造，是园中之小园；十七孔桥是综合了卢沟桥与苏州宝带桥的特点而建成；南湖岛上的望蟾阁（今涵虚堂）是仿照湖北黄鹤楼而建；后湖苏州街及西岸临河街市则把苏州的城市街景也搬来了。河北承德的避暑山庄同样采集了许多江南园林景色，如芝径云堤是仿杭州西湖苏堤而筑，烟雨楼是仿嘉兴南湖烟雨楼而建，金山是仿镇江金山景物而建。另外，万树园中还模拟蒙古草原的意味布置了草原景色。集景式园林，是清代大型宫苑通常采用的一种布局手法，也是这一时期造园的特点和成就之一。

5. 园林艺术向精深完美发展，达到造园艺术的高峰

明清时期的造园艺术实际上是总结了几千年来的造园经验，殷周以前那种主要利用自然山水林木、湖池鸟兽的原始囿圃和秦汉时期动辄数百里的苑囿被缩小了。因为那种宫苑不可能密布建筑物或经过人工培植的花木，多半是空野的山川和自然林木，就连宫殿也是比较疏落的。像杜牧《阿房宫赋》中所说的五步一楼，十步一阁，也只能是在主线上而不是全部。魏、晋、南北朝、隋、唐那种上百里的宫苑的建筑密度以及假山花木的密集程度，与今天的颐和园、圆明园相比，也相差很远。明清时期的园林中建筑物的密度大大增大了，叠山艺术也发展到高峰，那种数百里范围的空野占地情况已经非常少见。这是历史发展的必然。在早期社会里，人口稀少，土地较多，奴隶主和封建帝王可以大片占用土地，作为禁区，如西安的八百里秦川几乎被秦汉时期的宫苑占领。随着社会的发展，人口增长，土地价值提高，已不能像早期那样几百里占地了。更为重要的一个原因是园林艺术本身的发展。例如叠山，从主要是真山发展为假山，从稍加点缀发展为模仿缩写，在整个布局上完成了“小中见大”“咫尺山林”“似有深景”“作假成真”“虽由人作，宛

自天开”的艺术效果。大量施展人工的创造，在较小的范围内，营造出深邃、宏阔、多景的效果，如清代几处大型宫苑圆明园、清漪园、避暑山庄等，周围也不过二十里左右而已。江南园林更是在很小的范围内，想尽一切办法创造更大的天地、更多的景色。

中国园林艺术中的“借景”和“移步换景”表现手法，也是在明清时期发展成熟的。园林范围缩小了，园林密集了，彼此之间的关系均要加以周密的考虑。对园里、园外各个景点有机地加以布置，使园林达到了很高的艺术境界。

明清时期园林的实物，今天还有大量的遗存，中国现存大部分古典园林多是这时期的遗物，其中更多的是清代的遗物。这些明清时期的园林分布于全国各地。按照这些园林的所在地点、用途和功能以及造园艺术的特色，大致可分为以下几种：

（1）宫苑——皇家、王府园林

主要是皇室的园林，它们大多数与上朝的宫殿或寝宫结合在一起。如北京的北海、中南海、圆明园、清漪园（颐和园）、静明园（玉泉山）、静宜园（香山），承德的避暑山庄（亦称热河行宫、承德离宫），等等，还有附建在皇宫（紫禁城）内的御花园、乾隆花园、慈宁宫花园、西花园等等。这些宫苑的修造集中了大量的财力、物力，是园林建筑中的重要组成部分。

（2）宅第园——私家园林

宅第园是附属于某一大型住宅的园林。有些大型的宅园，

25 眉山三苏祠内木假山（视觉中国）

25

把居室住宅建于园林之中，称为“园居”，即是居住在园林之中。这种宅第园分布于全国各地，数量很多，其中有不少艺术价值极高的作品，如北京明代画家米万钟所营漫园、勺园、湛园，高倪所营桂杏农宅园，苏州的拙政园、留园、网师园、怡园，扬州的个园、何园，如皋的文园，江宁的五松园，等等。

（3）坛庙、祠堂、会馆园林

我国昔时从帝京到各州、县、乡、社大都建有坛庙、祠堂和会馆等等建筑物。在这些建筑物中，多附有园林或庭院缀景，也是我国园林遗产中重要的组成部分。现在保存下来的实物大多是明清时期的，如北京的社稷坛（中山公园）、天坛、地坛、日坛、月坛、孔庙等。园中不仅有假山亭榭，而且还有大片林木，是城市的风景和绿化的重要组成部分。四川成都的杜工部祠（杜甫草堂）、眉山的三苏祠（苏轼父子祠）等，就是把祠宇融合在一起的园林，艺术水平甚高。

（4）书院、书楼、书屋园

我国古代对学习、写作和藏书均非常重视，自天子的太学及州府县都设有学。民间办学，历史悠久。读书写作均需良好的环境，太学辟雍、孔子授徒的杏坛均环水、泮水，有林木相依；徐渭的青藤书屋、蒲松龄的书斋，在很小的地方，也要点缀山石林木，凿池水。尤其是一些书院，选择山水优美、林泉清静之地，相互布置，达到了很高的造园意境。

（5）寺观园林

这种是在寺观边或寺观后部布置的园林。明清时期的寺观园林现在还有许多珍品保存下来，如北京碧云寺之水泉院、万寿寺、潭柘寺、白云观，承德的须弥福寿之庙、珠源寺、殊像寺等，其中尤以殊像寺的假山玲珑宏丽，极为罕见。此外，江苏苏州戒幢律寺西园，扬州大明寺东园，浙江杭州灵隐寺，四川成都的文殊院、青羊宫，等等，也都堪称佳作。

（6）陵墓园

历代帝王和王公贵族，均重视对陵园和墓园的营造，而且均选址在林木繁茂，风水俱佳的“风水宝地”，并在其中建造祭祀建筑物和墓冢，广植青松翠柏、鲜花绿草。许多陵园和墓园规模很大，有的达数十平方千米。许多帝王陵园和墓园均选择依山傍水的地方，其本身就是一处自然与人文交织的美好景观。

（7）山水胜景园林

这种园林属于开敞式的，往往与城市或村镇融合为一体。它由许多风景点、寺观、楼台、亭阁、堤、桥等组成，虽然事先并无一定的全面布局，但在长期的历史过程中，历代的经营者和营建园林的匠师们在前人的基础上，相宜布置，遂形成了完整的格局。如杭州的西湖，扬州的瘦西湖，济南的大明湖，北京的西山，安徽的黄山、九华山，四川的峨眉山，甘肃兰州的五泉山、白塔山，广西的桂林漓江、桂平西山，苏州的灵岩山、天平山，连云港的云台山及著名的泰山、华山、衡山、嵩山、恒山等五岳，都是经过两千年的时间相继经营的。这种大型湖山园林，是中国园林艺术中的一种重要类别。

26 无锡寄畅园

独具特色的造园艺术

中国三千多年悠久的造园历史，造就了精湛而又独具特色的造园技术与艺术。我国丰富深厚的思想文化内涵，对造园技艺有很大影响，是形成中国独具特色的古典园林的重要原因。我们从现存众多的古园林中，不难看出中国悠久深厚的思想文化内涵对造园艺术所起的作用。

第一节 “天人合一”“黄老学派”与崇尚自然的传统哲学思想对造园艺术的影响

人类对自然界的认识和对人类社会的认识是人类生存发展、调节人类社会与自然界协调发展最紧要的事。如果违反了自然的规律，破坏了自然的法则，必将受到惩罚，甚至危及人类的生存。这是当今世界有识之士、专家学者为之振臂高呼的特大课题。环境的保护、人类本身的控制增长等等应是头等大事，也就是人类与自然的协调发展。

我国对于自然界与人类社会协调发展的认识，起源很早，已有几千年的历史，而且内容丰富，博大精深。在春秋战国时成书的《周易》(亦称《易经》)，就提出“天人感应”“道出于天”等核心内容，即认为人类社会是广大自然界的一部分。孟子认为的“尽其心者，知其性也。知其性，则知天矣”，就是说人的心、性与天这一自然规律本为一体相通的。汉代董仲舒更进一步提出了“天人之际，合而为一”的主张，逐渐形成了“天人合一”的哲学思想。

到了宋代以后，经过张载、程颢、程颐、朱熹、王夫之、戴震等人的进一步发展，“天人合一”的哲学思想被推向又一个高峰。张载正式提出了“天人合一”观的哲学命题。这时的“天人合一”观的主要内涵是：

1. 人类是天地的产物，是自然界的一部分

张载的《西铭》说，“乾称父，坤称母，予兹藐焉，乃混然中处”，明确肯定了人与自然的相互关系。

2. 自然界有普遍的规律，人也要遵循自然的规律

张载《正蒙·参两》中说：“若阴阳之气，则循环迭至，聚散相荡，升降相求，絪缊相揉，盖相兼相制，欲一之而不能，此其所以屈伸无方，运行不息，莫或使之。”这就是阴阳相互作用、相互推进之理，自然界与人类相互依存的规律。

3. 人性即天道，道德与自然规律也是一致的

张载的《正蒙·太和》说，“性与天道云者，易而已矣”，程颐说，“道未始有天人之别”，都肯定了天道与人性的同一性，也就是自然界与人类相辅相成的性理。

4. 人生的理即是天人的协调

这是《周易》上早已提出的“范围天地之化而不过，曲成万物而不遗”的理论。张载、程颐都同意这一观点。

总的说来，“天人合一”这一哲学思想，讲的就是人与自然界的关系，希望能化解矛盾达到和谐统一，因而今天又引起了人们的极大重视。恩格斯在《自然辩证法》中说：“我们一天天地学会更加正确地理解自然规律，…… 人们愈会重新地不仅感觉到而且也认识到自身和自然界的一致，而那种把精神和物质、人类和自然、灵魂和肉体对立起来的荒谬的、反自然的观点，也就愈不可能存在了。”

当然，由于历史的局限，在几千年的发展过程中，“天人合一”的观点体系也必然地掺杂了不少唯心主义的观点。这是可以理解的，但这并不影响其重大的历史作用。我们今天则是对它进行科学的分析，继承其光辉的思想。

另一种对中国古代园林艺术产生重大影响的思想是黄

27 敦煌壁画中的『西方净土变』楼台池阁图像（视觉中国）

27

老道家学派的神仙境界。它与儒家学派的观点理论有异曲同工之妙。儒、道两家本为中国传统思想文化中的孪生兄弟，也都是产生于春秋战国时期。道家的清净无为、修真养性、返璞归真、回归自然的理想，对中国古代造园艺术同样起到十分重要的作用，有时比“天人合一”更为具体，更为直接。许多古园林的造园意境和手法都来自道家思想。《庄子・齐物论》上的“天地与我并生，而万物与我为一”的观点与“天人合一”的观点并无多大差别。

其实，中国古代造园本来就是从依存于自然的动植物生态和自然的山川河岳而开始的。早期的园、苑、囿、圃等，就是种植花木蔬菜和养育禽兽的地方，而且规模很大，主要都是利用自然的山川地形来营造的。战国、秦汉时期出现的以封建帝王为代表的寻求“长生不老”之术的理想追求，为造园理论与技法又增添了新的内容。相传在东海之中有蓬莱、方丈、瀛洲三座神山，为仙人所居，并有长生不老之药。秦皇、汉武都为了寻求长生不老之药派人入海以求。虽然没有寻来长生不老之药，但却萌发了在大地上人工营造“神仙境界”的构想，为造园艺术开创了一个极为重要的布局与手法，出现了“人间仙境”“仙人共一”的意境。

佛教传入我国之后，在我国传统哲学思想上又丰富了内容。佛教的“禅机悟道”“隐性止欲”等等理论和佛教经典中的“极乐世界”理想以至具体的佛教故事，也都影响到造园艺术的发展。新出现的许多优秀的寺院类型的园林，为中国造园历史与造园艺术增添了新内容。佛塔几乎成了历代各家园林中置景和借景的重要对象。由于各种外来文化因素的影响，到清代乾隆时期经营圆明园的时候，还把当时欧洲兴起的巴洛克建筑风格引入了圆明园景区之内，说明了我国古典造园艺术对外来文化吸收的重视。

这里还必须提出的是，我国传统文化中的文学艺术，尤其是诗词书画对造园艺术的影响尤为突出。优美的园林景色、自然风光与天工人巧的奇观为诗人、画家提供了创作的源泉：王勃的“画栋朝飞南浦云，珠帘暮卷西山雨”如果没有像滕王阁这样的雄伟精美建筑是无法写出的；李白的“云想衣裳花想容，春风拂槛露华浓”如果没有兴庆宫（沉香亭在兴庆宫）这样的帝王宫苑也是无从写起的；展子虔的《游春图》如果没有优美的湖山景色和山村寺院景物也无从画起；宋代传

28《祥龙石》细部

28

为张择端所画的《金明池争标图》完全是帝王宫苑的写照之作。反过来，园林胜景又借诗赋文章与丹青画幅的意境和艺术形象加以营构，两者相辅相成，交相辉映。宋徽宗以“花石纲”采来了“祥龙石”并以画笔绘下了《祥龙石》。唐、宋、元、明、清历代诗人、画家参加了园林的营造，又把诗画园林推向了中国古典园林造园艺术的高潮，其影响之深，不言而喻。

第二节
园林景观的布局营构

景观、景区、景点的营构，是中国古典园林造园艺术精粹之笔，所体现的艺术水平，是决定这一园林价值的关

29苏州拙政园西园游廊，高低起伏，曲折有致（黄晓摄）

键。景观、景区、景点虽不仅仅由建筑所组成，但它们都是园林总体规划设计的重要部分，是体现中国传统哲学思想与传统文化艺术内涵的重要因素。

景观、景点营构的思路很多，要体现“天人合一”之哲理、“天工人巧”结合之高妙，形成一些原则性的规律，以造园技法去完成它。现举几种前人总结出的经验论点如下：

1.“步移景异”或“移步换景”

这是园林设计的重要思考因素。凡较大的园林，多系几个或许多个景区、景点所组合构成。一个景区、景点是由建筑、山石、水泉（湖、池、流水等）、林木以及花草禽兽虫鱼等所组成。景区、景点有它们自己的观赏面和观赏角度，而每个景区、景点之间更有其相互的关系。造园家、设

29

30 沧浪亭北部复廊，近处为面水轩，远处为观鱼处（黄晓摄）

计师在布置营造景区、景点时就需要把它们之间的关系安排好，把好的观赏面、好的角度放在观景佳处，如厅堂月台、楼阁栏杆廊庑等处。这里园路、桥梁、游廊等游动观赏的地方非常重要。设计得好，可一步一景，景景有变化，步步有新景。

2."小中见大""曲径通幽"

中国古园林在遵循传统哲学思想和文化艺术传统理论的基础上，几千年来不断总结出许多成熟的造园手法。"小中见大""曲径通幽"是其中的重要经验之一，这在小型的私家园林中尤为重要。所谓的"咫尺山林"即是要在很小的地盘上营造出一个在感觉上相对大的自然环境。在福州有一

30

个私家住宅后面，只有十平方米左右的地方，布置了一个有山、有水、有花木的小园。一些著名建筑师看了都为之赞叹。“小中见大”，不仅小园，就是一些中型甚至较大的园林也在其中的某些部分采用，以尽可能扩大眼界和范围。“曲径通幽”在古代造园中是常常采用的技法，其立意是要为人们营造一个幽静的环境，通过曲折的路径，使人们从嘈杂的环境进入幽静之处。这在江南园林中随处都可看到，有些园林在某一景区的入口处，还很明白地挂上了“通幽”“幽径”的匾额，以唤起游人的意识。

3.“山重水复”“柳暗花明”

为了使园林景色不至一览无余，有抑扬、有节奏、有变化，中国古典园林采取了许多种分离、联系的布局手法。“山重水复疑无路，柳暗花明又一村”（陆游诗），这本是对自然山村景色描写的诗句，古代造园艺术家巧妙地把它化为表现园林意境的手法，甚是高妙。当人们通过一段曲折、封闭的行程，“豁然开朗”的景色出现在眼前的时候，喜出望外，精神为之一振，视野为之一开，确有一番新的喜悦。尤其是一些大型园林常常采用这种办法。如北京颐和园，游人从东宫门进入后，便看到一片整齐对称的宫殿、廊院、围墙，正在有些倦意时，绕过仁寿殿来到昆明湖边，面对广阔的湖面、雄伟的西山，顿有心怀开阔之感。在大型园林中还有“园中园”的手法，也能达到这种效果。

4.“巧于因借”

借景是中国古园林造园技法中十分重要的，也是很有中国造园特色的传统，它实际上属于一种体形环境空间关系美学的范畴。明代造园家计成在他的名著《园冶》一书中总结出了“借景”的理论概念。清初造园学家李渔也在其《闲情偶寄》一书中论述了“取景在借”的思想。这一理论在我国早期的建筑环境关系美学特别是造园理论中已有了丰富的内涵，到明清时期则通过造园家做了系统总结，是为一个重大的贡献。计成关于园林借景解释道：“借者，园虽别内外，得景则无拘远近。晴峦耸秀，绀宇凌空，极目所至，俗则屏之，嘉则收之。不分町畽，尽为烟景，斯所谓巧而得体者也。”

计成《园冶》中还把借景分为五种：①“远借”，指借远山远水、田园风光、名胜古迹、寺庙塔影、楼台亭阁等等。②“邻借”，指借园内外邻近的景物，林木、山水、建筑物以及相邻的堆山叠石等等。③“仰借”，指的是上部空间的变幻景色，如朝霞落日、碧落飞云、星月银河等等。④“俯借”，指俯览池中荷莲、桥下流水、水里游鱼等等。⑤“应时而借”，指的是四时花木、季节飞禽、中秋明月等等。借景技法可称得上“但凭规划巧安置，得来全不费功夫”。所以计成总结说：“夫借景，林园之最要者也。”

5.“虽由人作，宛自天开”

这是中国古园林造园艺术中最重要的一条，也是中国古代哲学思想与传统文化艺术精神的体现，从三千多年前的殷周时期主要以利用自然开始，逐步师法自然、崇尚自然、营造自然景观、移天缩地等等，将天工人巧相融会。计成在《园冶》一书中以“虽由人作，宛自天开”两句话来总结概括历史上多少年来的经验，即关键在于人巧营造之景要如原来自然的景色一样，这样才能使人的身心产生接近自然，回归自然之感。如东晋简文帝入华林园时向左右随从诸人说，“会心处不必在远，翳然林木，便自有濠濮间想也”，可见华林园的人工营造之景，已经使一个皇帝的心情回到了自然山水之间的境地。南朝名士戴颙在吴下（今苏州）的园子“聚石引水，植林开涧，少时繁密，有若自然”。唐代著名的文学家柳宗元不仅对造园有着丰富的实践，而且在造园理论上也有着很高明的见解。他在《永州龙兴寺东丘记》中说：“游之适，大率有二：旷如也，奥如也，如斯而已。”意思是说，游览风景名胜、园林不外乎广阔的地方或幽静的地方两种。他还对这两种景观的规划设计做了精辟的阐述，认为不管营造空旷还是幽深的景观都必须按照它们原来的自然条件来规划设计，不能改变或破坏原来的自然景观。他在实践中提出的“逸其人，因其地，全其天”的主张，充分说明了因地制宜、保存原来自然景观而且还节约人力物力的重要性。

第三节
园林建筑

中国古典园林，内容极为丰富，集建筑、山石、水泉、林木花草、鸟兽虫鱼、室内外装修陈设等于一体，包含了体形环境艺术和文化传统的丰富内涵，可以说是人间最为优美的居住环境。然而这些丰富的园林内容中，建筑首推第一，它是其他各种内容的依托。因为山石、水泉、林木花草、鸟兽虫鱼等都是供人欣赏、游憩的对象，如果没有人居处、停息的地方，也就不成其为园林了。

园林建筑主要包括总体的规划和各种功能、各种类型的建筑物，如楼、台、亭、阁、廊庑、桥梁、厅堂、馆榭以及宫殿、寺观、塔幢、宅第、街市等，有些园林甚至把长城、关隘等也仿缩园中，园林建筑可以说是集各种建筑类型之大成。

园林的总体规划，是营造一个自然与人工共同组合的居住、游憩环境。第一步，需根据兴造理论结合实际的情况进行规划，把各种不同功能和不同类型的建筑与山石、水泉、林木花草、鸟兽虫鱼等有机地组成不同景色的景区景点。园林的规模有大有小，景区景点的大小与多少也都随之而定。此外还要根据园林的类别和性质而定。如帝王宫苑、王府、官署园林一般规模较大，景区景点较多，私家园林、寺观园林、祠馆书院园林一般规模较小，造园的手法也因各种性质类型的园林不同而各具特点。

31 寒山寺钟楼

31

利用自然，顺应自然，仿造自然，天工（自然）与人巧结合是中国古园林的一个共同的特点。而且就是人巧也要达到天工的高度，正如计成《园冶》一书中所总结的“虽由人作，宛自天开”。所谓的“城市山林”“咫尺山林”，就是不管规模大小、尺度大小都要使之达到山林的自然境界。

由于中国古园林大多是以园主人的理想意志要求而兴建的，所以计成的《园冶》中概括了一般园林规划设计“三分匠，七分主”的说法，这里所说的“主”指的是园的主人或他的代理人。如帝王的宫苑，其主人当然是帝王，但他们并不都懂园林造法，故营建都由其代理人——大臣和设计师们代为主持，大臣和设计师们当然要秉承帝王们的理想和意志。而对于具体的施工，计成更进一步说：“第园筑之主，犹须什九，而用匠什一。”即是说，在造园中设计师占十分之九，施工匠人只占十分之一。他这里主要是强调了园林规划设计者的作用，以体现其思想与艺术水平。

园林建筑尺度的大小和景物的多少，当以其规模和等级而定，一般分为居住活动功能和游赏休息两大部分。居住活动功能这一部分多是整齐对称的形式，游赏休息这一部分则多为自由灵活、曲折变化的形式。这两部分有时相对地各自独立，有时结合于一体。如帝王宫苑，有的将其与皇宫分离，成为离宫别馆，有的将宫殿纳入宫苑之中。例如北京圆明园、颐和园内即有上朝和居住的宫殿，并组成一个重要的景区，承德避暑山庄更是把宫殿区作为单独的景区安排在园林的重要部位，其建筑布局和形式都与宫殿一样，整齐对称，庄严有序。其他的宅园、寺观园林、祠馆园林等游赏休息部分大多与住宅、寺观、祠馆等分开，或在宅前宅后，或在寺前寺后，根据地形条件来决定。坛庙、陵墓园林的建筑则与整个坛庙、陵园浑然一体，构成大片松柏常青、绿荫满地的山林气氛。

园林建筑中的游赏休息部分，是造园艺术的重点，各种造园思想、造园理论、造园艺术手法都在这一部分体现。园林建筑的类型很多，造型变化丰富，今仅举几种常用且在游赏休闲功能上较为突出的建筑类型：

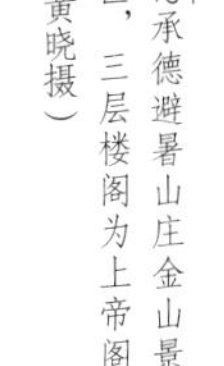

32 承德避暑山庄金山景区，三层楼阁为上帝阁（黄晓摄）

32

1. 厅堂

厅堂是园林设计中首先要考虑的建筑物。《园冶》上说：“凡园圃立基，定厅堂为主，先乎取景，妙在朝南。”据古辞书《尔雅》解释：“厅，所以听事也”，“堂者，当也，谓当正向阳之屋”。可知，它们的作用在园中较为正规，一般为聚会迎宾之所。但因其在园林之中，又比较灵活而富于变化，在功能上另有一个特点，即除议事迎宾之外，还要起观赏景色的作用，如荷花厅、四面厅、鸳鸯厅、远香堂等等。荷花厅的前面布置了荷池，在厅堂之内或厅前月台上可观赏荷花。如果有远山或其他景点景色，隔池观赏远景更富情趣。四面厅在许多园林中都有设置，其功能是可从多方向观赏景色，并增加建筑本身玲珑空透的感觉。有的厅堂还在结构上增加轩、榭等形式，使之更加富有变化。

2. 亭台

亭台在造园艺术中是最常用的建筑。亭，这个字的古义就是停止的意思，据《释名·释宫室》上解释："亭，停也，亦人所停集也。"亭的种类甚多，古时还有驿亭、邮亭等等，其意义也都是供人们停留止息之处。由于园林是供人们游息的地方，必须要有供人们停下来休息和观赏景色的建筑。有这样的说法："无亭不成园。"因而不管园子的大小，都要建上一个亭子才行。园林亭子的式样很多，从平面上看，有正方形、长方形、菱形、圆形、半圆形、扇形、三角形、双菱形、双环形、多角形等等。从亭子顶上看，有歇山、悬山、攒尖、单檐、重檐、多层檐等等，可以说凡古建筑中的造型无所不取。园林建筑中亭子不仅是停歇观览园内外景色景点的佳处，而且它们本身也是构成景色景点的重要组成部分。如北京故宫御花园的御景亭、景山五峰亭，不仅可以登临眺览，而且也构成了园林本身景色景点的"画龙点睛"之笔。

台，也是中国古建筑中历史悠久的一种类型，古辞书《释名》上说："台，持也。筑土坚高，能自胜持也。"相传黄帝就筑有轩辕台，夏有钧台，周有灵台，春秋战国时期（公元前8世纪—公元前3世纪）各诸侯国均以高台榭、美宫室来相夸耀。据《园冶》一书上说："园林之台，或掇石而高上平者，或木架高而版平无屋者，或楼阁前出一步而敞者，俱为台。"可知园林中的台主要有两种类型，一种是露

33 园林中亭的各种样式（选自童寯《论园》）

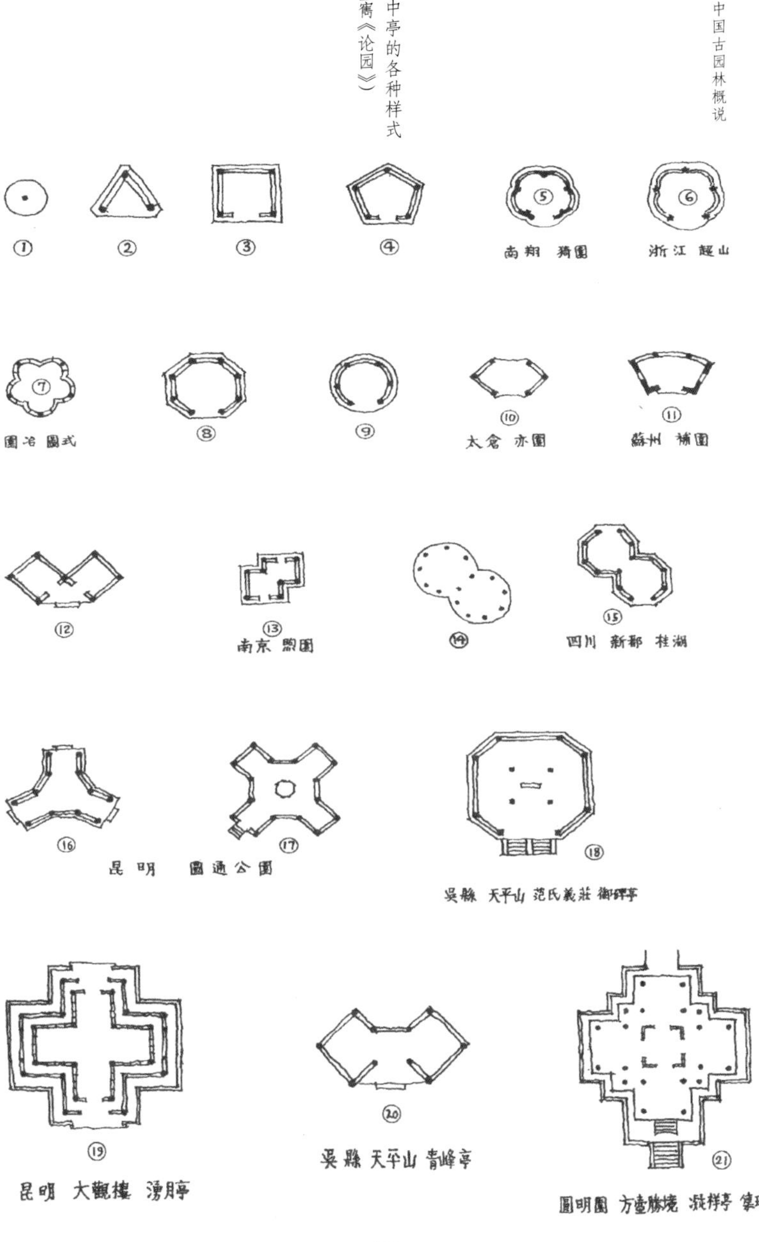

台，可以登临台面眺览和举行活动，一种是作为建筑物和建筑群的基础，在园林中许多建筑物前都有宽广的“月台”，可供观赏景色和各种活动之用。

3. 游廊

游廊是园林建筑中不可或缺的一种类型，尤其是大型园林中更不可缺少。有些园林因地盘小或其他原因所限，也要做半廊和短廊。据古辞书《玉篇》上解释：“廊，庑下也。”颜师古注释说：“堂下周屋也。”“廊庑”二字很难区分，常相连称呼，在汉代已经使用了。在园林中的廊，经常做成两面透空的形式以便于坐歇和观览周围的景色，且根据地形的变化做成曲折回环、高低上下的布局。《阿房宫赋》中的“廊腰缦回”，生动地描写了廊的宛转形象。还有贴水游廊、凌空飞廊、双面游廊等等。廊不仅有联系园林中各种建筑物、给游人停歇观赏、遮阳避雨的作用，而且为园林建筑、园林景色增添了很多美的成分。如北京颐和园的长廊，不仅使人们在廊中行走时可以观看廊子内外湖山景色，而且自身成了万寿山前的一个重要景观。

4. 楼阁

楼阁是较大的园林中不可缺少的建筑，一般指高层的建筑。楼这一建筑形式很早就有了，据《说文解字》上解释：楼，“重屋也”。阁，早期的用途本是门上的闩，是止扉

34 北京颐和园长廊（视觉中国）

34

35 避暑山庄山水景致，右侧为金山，中央远处为永佑寺塔（黄晓摄）

35

之用的构件，后来成了储物的屋室，又与楼相互通称。《玉篇》上解释说："阁，楼也。"因而在古代建筑中常将楼阁相连一起称呼，有时称楼，有时称阁。

楼阁，由于一般多是体量较大的高层建筑，在园林中占有突出的地位，或处于山石之高处，以观景色；或处于园林的后部，作为建筑布局的收结高潮。如北京颐和园万寿山佛香阁、承德避暑山庄金山上帝阁、苏州沧浪亭看山楼、拙政园浮翠阁、扬州何园后长楼等等，它们都成了全园或园中一个景区的制高点。登楼一望，园内外景色奔来眼底，蔚然大观。楼阁不仅是游人登高凭栏放眼的佳处，同时楼阁本身也是园林最为突出的景观景点之一。

36拙政园小飞虹（Richard Lu，Viewfly 影迹视觉，视觉中国）

36

5. 桥梁

凡有水有池之处或山地沟壑之间，必要有桥梁加以联系。中国古园林必须有水，有“无水不成园”之说，因而，桥梁成了中国造园必须考虑的一种建筑物。古代桥梁的历史悠久，在五六千年前的原始社会后期就已经出现了。《拾遗记》上说的“舜命禹疏川奠岳，济巨海，则鼋鼍而为梁”，是一种堤梁桥，或称汀步、跳墩子，这是较原始的桥。此外还有独木桥、独石桥、梁桥、拱桥、绳索桥、浮桥等等。园林中的桥有大有小，形式多样。《阿房宫赋》中的“长桥卧波，未云何龙”是一种大桥，现在颐和园中的十七孔桥也是非常长且大的桥。一些小型园林中的桥很小，如杭州西泠印社的锦带桥不到一米长，被称为世界上最短的桥，装饰点缀性很强。园林中的桥为了游赏的需要，曲折变化很大，艺术性较高，如故意做成曲折形，三曲、五曲、七曲、九曲等等，为的是让人在桥上多停留观赏景色。还有凌空的廊桥（如苏州拙政园的小飞虹等等），高耸的拱桥（如颐和园的罗锅桥），巧妙布局的扬州瘦西湖五亭桥，等等。在古园林中，桥梁起着十分重要的作用。

6. 园路与铺地

园林中的道路，是关系到这一园林发挥其功能、显示其艺术特色与成就的命脉，犹如人体的血管，没有它就无法循环，不能生存。一个好的园林景色，人不能进去，不能游览与眺望，不能停歇，那就没有什么作用了。因此，对于造园来说，安排好游览的道路十分重要。园路的安排，是造园艺术与规划设计重要的组成部分，尤其要与园林中重点的景区景点、突出的景观联系与结合。中国古园林中所称赞的“曲径通幽”“山重水复”“柳暗花明”“步移景异”等等效果都要靠很好的园路来体现、来完成。园路既要起到游览的作用，又要起到欣赏的作用。该行进的地方就引导行进，当停步观景的地方就要让人们停步观景或是休息。因此，它还要与亭、台、楼、阁、廊、庑、桥、庭院等相联系相结合。廊、庑、桥、庭院等多成了路的一部分，亭、台、楼、阁等则多为停歇休息之处，它们被园路巧妙地有机地联系起来，整座园林就活起来了。

园林的路面铺装和庭院广场的地面铺装，对于一座好

37 园林铺地实例

的园林来说，也十分重要，其艺术性之强，往往胜过室内地面。一般山道坡地大多采用规整或不规整的石砌或铺砖道路，两旁还要点缀些散置山石和花木。一些皇家园林甚至私家园林的园路和庭院还用彩色石子、碎砖瓦片、碎陶瓷片等镶成各式动植物和几何形图案，以增加园林道路、庭院的艺术内容。如北京故宫御花园、颐和园、北海，苏州拙政园、留园等都不乏铺地的佳作。

7. 洞门、洞窗

门窗本是中国古建筑中的重要组成部分，而在园林建筑中更为重要，它不仅用以隔离内外，而且还要起到装饰门墙，配合观赏景观之用。我国古园林中的洞门、洞窗，可以称得上是建筑与环境艺术结合的高妙创意之作，以洞门、洞窗的形式区别内外，通连内外。俗语中的“门户洞开”，即是室内外畅通之意，它不仅使游人畅通无阻，而且使园林景色也畅通无阻。

洞门的形式多样，常见的有方形的、长方形的、椭圆形的、多角形的和各种花果树叶、器物形的图案。在计成《园冶》一书中介绍了不少的形式。书中所称的“方门合角式”即是把方形或长方形的门洞上部或上下抹角，“鹤子式”（鹤子卵式）即椭圆式，“贝叶式”即贝叶或其他树叶形式，“莲瓣式”即状如莲瓣，“汉瓶式”即状如宝瓶，等等。“月亮门”（圆形）是园林中常见的洞门，此外还有葫芦形、桃形、天圆地方形、银锭形等等，图案极为丰富。这些洞门不仅有实际畅通行走之用，而且常常作为景物的“画框”构成一幅活的画面，增加园林景观的艺术效果。

洞窗与洞门的不同之处是不像洞门那样作为通行之用，而是作为空气流通、采光和观赏之用。洞窗又称为框窗、空窗，其作用好似照相机的取景框或图画的边框，使景面如同画幅，透过一个墙壁上的窗框，观看园林内外的山石、花木、竹树，构成一幅幅美丽的风景图画。这种画面较之绘制的图画更为生动。框窗的形式较之洞门更为丰富多样，有四方形、竖方形、扁方形、六角形、八角形、圆形、半圆形、月亮形、扇面形、瓶形、贝叶形、葫芦形、梅花形等等。有些园林把

38 园林漏窗实例

39 江苏常熟虚霩居瓶门
（选自童寯《论园》）

39

许多种不同形式的洞窗组织到一长排的墙面上，构成一长排画面，好似画展陈列一般，为园林增色不少。

除洞窗之外，在古园林中还有一种“漏窗”，它与洞窗的不同之处是在框窗之内用砖瓦、木条、金属嵌砌或用灰泥等塑制成各种镂空的花饰图样。在计成《园冶》一书上称之为“漏砖墙”和“漏明墙”。漏窗本即是一幅幅镂空的图画，并能起到空气易于流通的效果。漏窗图案的形式很多，主要分作几何形图案和动植物图案两大类，《园冶》上也多有举例。几何形图案计有人字、十字、万字、六方、八方、菱花、笔管、绦环、套方、冰片、波纹以及将图案穿插拼合等形式。动植物图案有鹿、凤凰、蝙蝠、仙鹤以及松、竹、梅、兰、芭蕉、荷花、石榴、桃等等。此外还有用文字、文房四宝、博古以及人物故事组成的图案。在扬州个园“冬山”假山旁边的墙壁上，造园者别开生面创造了“多洞透风墙”，风吹作响，象征冬日北风呼啸，饶有风趣。

8. 园林建筑装修与家具、陈设

建筑装修与家具、陈设是任何一座建筑物都不可缺少的内容，而园林建筑的装修与家具、陈设又有其本身的特点。中国古建筑中的装修，具有对承重大木结构补强和装饰美化以及分隔与联系室内外空间的功能。一座古建筑如果没有装修将是一具不完整的木架，无法使用。园林建筑更是如此，如果缺了家具和陈设，也同样是不完整的，达不到居处、游赏的目的。

北宋李明仲在《营造法式》一书中，以大量篇幅叙述了小木作制度（卷六至卷十一）及其功限（卷二十至卷二十三），并附有大量的图样，其内容包括了版门、软门、破子棂窗、截间版帐、照壁屏风骨、露篱、堂阁内截间格子、胡梯、护殿阁檐竹网木贴、平棊、斗八藻井、钩阑、佛道帐、壁帐、牙脚帐等等，大都是属于装修的项目。在计成《园冶》一书中装修称为“装折”，与其他宫殿、坛庙寺观装修虽属同一性质，但用于园林中又有其特点，主要的差别是由园林游赏的功能所产生的。园林装折的重要特点是适应游赏需要，把园林建筑和园林景物组合成丰富的体形环境空间。如门、窗、隔扇等都既要有划分空间的作用，又要有空透的联系。各式楣子、挂落、栏杆、屏、罩也都如此。园林装修（装折）的另一个特点是用料、镂雕都比较考究，常用紫檀、红木、花梨、黄杨、楠木等贵重木材，并保持木质本色，一般不施彩绘，以寻求清雅之趣。各种栏杆、挂落、屏、帐、窗、隔扇、罩的形式很多，根据不同部位和环境而设置。园林建筑室内还常使用落地罩，它可以分割大开间室内空间而又不截然分隔，在活跃室内空间布局方面起很大作用。落地罩有内轮廓不规则的自由式、纱隔扇式、洞门式等多种，在罩上布满各种题材的雕饰，如“岁寒三友”“喜鹊登梅”“松鼠葡萄”以及缠枝纹、蕉叶纹、双龙纹等等动植物图案，甚是精巧华丽。

园林建筑的家具陈设当以典雅、古朴、自然为上品。家具陈设的种类很多，如各式床、榻、桌、椅、几、凳、橱、柜、博古架和灯烛、花盆、鱼缸、鸟笼、鼎、炉、琴、剑、古玩、字画、文房四宝等等。家具陈设的特点是可以搬动，可根据气候季节和庆典宴会等的需要而调整或更换。在一些大的园林中，室外还有很多的陈设叫“露陈”，如圆明园、颐和园等的露陈，下面有高大精美的石雕台座，上面陈设各种宝器珍玩。陈扶摇的《秘传花镜》一书的“花园款设”一章对家具陈设做了分类叙述，并发表了独特的见解。他将其分为堂室坐几、书斋椅榻、敞室置具、卧室备物、亭榭点缀、回廊曲槛、密室飞阁、层楼器具、香炉花瓶、仙坛佛室等等部位所需的家具陈设，并提出了利用自然的植物形态，制作“天然具”“天然笺”的方法，如核桃杯、古藤杖、花壶芦、椰实瓢、红叶笺等等器物。他总结的理论是园林家具陈设需以高雅、自然、独特为要旨，值得参考。

9. 匾额、楹联

匾额、楹联在我国古园林中是独具特色的内容，它们虽然不是直接构成建筑物的构件，但有了它们，可为园林景物增色不少，特别是在园林的文化内涵和装饰艺术上起到锦上添花的作用。在圆明园、颐和园、北海、避暑山庄以及苏州、扬州等地江南私家园林中，大凡重要的建筑物上都有匾额、楹联，以点题和描述这一建筑以及它们周围环境的内涵、意境、特色等等。它们可以进一步引发游人对这一建筑物本身以及周围环境景物甚至各个方面情绪的联系思考。

匾额，指的是悬挂在门楣或建筑物檐下的横、竖牌匾，其上书写这一建筑物的名称或相应的内涵。在李明仲《营造法式》中称之为牌，并绘有“风字牌”“华带牌”的图样和做法。也有的匾额直接刻在砖石门楣、殿堂之上的，如承德避暑山庄大门匾额就直接刻石镶嵌在门上。一般私家园林的匾额较为简单，体量也较小，皇家园林的匾额体量较大，占重要地位的匾额非常华丽，如承德避暑山庄正宫大门的“避暑山庄”匾额，周围镶装了雕刻精细的云龙环绕边框。即便是“烟雨楼”等小型无边框的匾额，雕刻也非常精美。匾额因为字数不多只是起到画龙点睛的点题作用，不能像楹联那样详细地描写周围景色。

楹联，亦称作对联，是我国古典文学中的重要组成部分。它是古代诗词、骈文的发展。据前人考证，它始于五代后蜀后主孟昶在寝宫门桃符版上题词“新年纳余庆，嘉节号长春”谓之“题桃符”而形成的。对联的特点在于文字上的平仄声韵对偶和内容的深妙。其实这样的对仗文学很早就有了，如陶渊明《归去来辞》中的“园日涉以成趣，门虽设而常关”，王勃《滕王阁序》中的“落霞与孤鹜齐飞，秋水共长天一色”，等等。园林和风景名胜中的对联，浩如烟海，成了园林和风景名胜中的重要文化内涵。对联的文字多少不一，有几字者，也有数百字者，各有千秋，主要在于与园林建筑和周围的环境相贴切。长联如云南昆明大观楼清代孙髯翁的长联，描写滇池景物，感怀历史，文字秀美，对仗工整，堪称佳作。短联如苏州沧浪亭石柱上所刻，清嘉庆年间江苏巡抚梁章钜集前人诗句所撰“清风明月本无价，近水远山皆有情”对联，文辞秀美，意味深长，亦属难得之作。楹联或刻于石、木、金属等柱子之上，或刻于木、竹、金属等单独匾牌之上，主要以文辞内容和书法为主，除皇家园林和个别私家园林之外，联版联牌本身华丽者不多。

10. 其他

在中国古园林中，在建筑物墙壁之间，庭院之内，还镶了许多有高度历史、艺术价值的诗词、书画、文章、碑记等刻石以及经石、雕塑等艺术品，都丰富了古园林的历史文化内涵，与园林建筑浑然一体，不可分割，由于篇幅所限不一一赘述。

第四节

园林堆山叠石

堆山、叠石，俗称之为造假山，是造园艺术中极为重要的一部分。造假山这种艺术，在我国已有很悠久的历史。从《尚书·旅獒》记载“为山九仞，功亏一篑”这一名言来看，堆筑假山至少在公元前七八世纪的春秋时期，距今两千多年以前已经开始了。在这以前的殷、西周时期帝王宫苑主要以利用自然山川林木来营构，但也必然会对其不足之处予以加工整治，逐渐形成营构假山的活动。以上所说的“为山九仞，功亏一篑”虽然只是一个比喻，劝人们做一件事，不要半途而废，一定要把它做成，但按一仞为七八尺（折合两米多），九仞为二十多米，已经不小了。当然，其时的假山可能还有更高的。到了秦汉之际，造假山之风大为盛行，而且规模很大。《三秦记》上记载，秦始皇派徐福入海到海上三神山求仙药未果，于是在咸阳凿长池，引渭水，在水中堆蓬莱山，以求仙人降临。《史记·封禅书》上记载，继秦始皇之后，汉武帝又在长安建章宫内凿太液池，池中仿海上三神山，营造了方丈、蓬莱、瀛洲三座人工的神山。这种海岛神山之说虽来自方士求仙的编造，但它确实使我国古代造园艺术飞跃了一大步，特别是对大型皇家园林的布局变化有着重大的意义。它使空旷平淡的水面，产生了无穷的变幻，丰富了景观的层次，不管从岸边或岛上观看都能产生变化深远

40 霍去病墓假山，公元前2世纪，现存最早之假山

40

的效果，如果遇到烟雨迷蒙或是雾气弥漫的时候，确有仙山神岛使人超凡出世之感。这种“海上三神山”水中岛屿的造园艺术手法，几乎历代帝王宫苑无不采用，就连一些王府官署以至于私家小园也以不同的方式相仿效。除帝王宫苑之外，西汉时期私家园林营造假山也同样风行。茂陵富豪袁广汉的私园中“构石为山，高十余丈，连延数里”，规模之大可以想见。但从秦汉以下私家园林以及寺观、祠馆等园林的假山营构趋势来看，营造假山已是从追求规模庞大逐渐向精美的方向发展了。

历代堆山叠石的杰作不计其数。早期假山由于天灾人祸、改朝换代、自然崩塌等原因多已不存。著名的宋徽宗“花石纲”以人民血汗凝成的东京“艮岳”随着宋室南迁，金人入据，已分崩离析，化为乌有。即使近代号称万园之园的圆明三园人造山形水系、叠石峰峦，在侵略军的焚毁和逐年的破坏下，也濒于消失。现在尚还保存下来的堆山叠石佳

作，则以北方皇家宫苑和南方私家园林为多。早期假山遗物，值得一提的首推陕西兴平汉武帝陵园陪葬的霍去病墓。其墓是一座按照祁连山形状堆筑的假山，可以说是现存最早的一座假山遗物。

从历史文献记载和现存假山实物的堆叠技法来看，假山大约可分为以下几种：

1. 土山

土山即是以土堆成之山，应是原始的假山堆筑之法。它的特点是仿效自然，接近自然的成分更多，而且施工技术和材料也都省费易取。在殷周时期主要利用自然山川造园时可能也对原来自然土山有所加工整理。秦汉时期的神山仙岛，因无具体堆筑方法的记述和实物遗存，无法确定其堆筑之法。但以常理推断，应是以堆土为主，兼以少量之石。堆筑土山之法，根据一些秦汉遗址分析，基础部分选择较为坚实的地基，并予以夯打坚实，在高台山体周围用木桩围护。上部山体，根据实际情况予以打压或夯实。到后期的土山往往仿效自然山坡的坡麓做成平缓的土坡，种植草地、花木，如遇池湖岸边，在水岸还需打桩或砌石以保护土坡稳固。

2. 土石间筑假山

土石间筑假山是造园艺术中极其重要的一种，从历史发展阶段来看，较之纯土山已进展了一步；从艺术效果来说，较之纯土山又有所变化，也甚接近自然之山。在自然界中除华北、西北黄土地带的纯黄土山外，凡山，大多有石，仅是多少不同而已。土石间筑假山的艺术品位甚高，计成《园冶》一书中称之为“雅从兼于半土”，认为半土半石的假山品位最为高雅。清代李渔《闲情偶寄》“山石”一节中也提出了土石间筑假山的好处，他说：“高广之山，全用碎石，则如百衲僧衣，求一无缝处而不得，此其所以不耐观也。以土间之，则可泯然无迹，且便于种树。树根盘固，与石比坚。且树大叶繁，混然一色，不辨其为谁石谁土。立于真山左右，有能辨为积累而成者乎？”另一位同时代的造园大家张涟也持同样理论，认为“平冈小坂，陵阜陂陁”，“然后错之以石”是较好的办法。

土石假山堆筑之法，贵在像真山之貌，有似多年雨水流洗半露山骨之状，或草丛中偶露石顶，不同形状之大小石块散布于自然山体之间。在土石相间处种植一些野草闲花，更富真山野趣。

现存土石间筑假山之遗物杰构尚多。陕西兴平霍去病墓象征祁连山的封土假山即是土石筑构的，其他如北京北海琼华岛（金代）、景山（明代）、颐和园万寿山（清代）等。承德避暑山庄的山区部分则主要是利用自然的山区，略加点缀而成。在江南园林中，也不乏小景土石假山佳作。

3. 叠石假山

这种假山主要以石叠砌而成，又称之为“掇石”。从假山发展的历史来看，叠石假山比土山和土石间筑假山要稍晚。从造园艺术和堆叠工艺来看，是更进一步的精工化、神形化了。自秦汉以来叠石假山不断发展，越来越精，越来越细，产生了许多高深的理论和叠石名家。唐代诗人白居易不仅是大诗人也是造园名家，他在一篇《太湖石记》的文章中对丞相牛僧孺府邸别墅中的叠石群峰的形态描述说：“有盘拗秀出如灵丘鲜云者，有端俨挺立如真官神人者，有缜润削成如珪瓒者，有廉棱锐刿如剑戟者。又有如虬如凤，若跧若动，将翔将踊，如鬼如兽，若行若骤，将攫将斗。风烈雨晦之夕，洞穴开嗜，若欱云歕雷，嶷嶷然有可望而畏之者。烟霁景丽之旦，岩堮霮䨴，若拂岚扑黛……撮要而言，则三山五岳，百洞千壑……尽在其中。”可见唐代叠石假山在用石上达到的高精水平。宋代大画家米芾对园林叠山用石做了“瘦、皱、漏、透”四字的精辟概括，以为评价的标准，若四者兼备即称之为上品。园林的叠山用石主要分为山石和湖石两大类。所称的山石，即是从山上开采的岩石，为多棱多角、尖锐挺拔或方整浑圆者，有些原为水底升高形成的山地，其石也为水蚀冲刷之状。江南常州黄山、苏州尧峰山、镇江圌山等地所产的一种岩石，因其色黄褐，一般通称之为“黄石”，江南园林多用之。所称的湖石，即是从江湖中捞取的岩石，以太湖出产的最为有名，被称为“太湖石”，在江南园林以至于北方皇家园林、私家园林多争相采取，宋徽宗营建寿山艮岳的“花石纲”即是捞取的太湖石。除太湖石之外，还有产于江苏昆山的“昆山石”，产于宜兴张公洞、善卷洞一带的“宜兴石”，产于南京附近沿江一带的“龙潭石”“青龙山石”“灵璧石”，镇江岘山一带的“岘山石”，江西湖口所产的“湖口石”，宁国所产的“宣石”，等等。

关于叠石假山的堆叠形式，随叠山匠师的技巧和构思呈现出丰富多彩的造型与结构。

崖壁：悬崖、峭壁本是自然界山体中引人注目之点，因而成了叠石假山所体现的重要景象之一，它是大型叠石假山不可缺少的部分。其设置部位或在山之临水，或在山之迎面，或在山之高处，根据观赏部位的需要而设置。有时为了节约用地和施工方便采用倚墙而叠，既省了人工骨架，又节约了空间，如扬州片石山房、小盘谷、寄啸山庄，苏州环秀山庄的石山，等等。如在水边，倒影水中更觉其高耸生动。

峰峦：峰峦是叠石假山不可或缺的部分，也即是叠石假山的顶部作为假山的天际部分，显得十分重要。所称的峰，是指山顶高尖山峰，其形状也仿自自然山峰，如苏州天平山、云南石林、江西三清山等地的“万笏朝天”，广西桂林、兴平等地的群峰拔地、一峰独秀，以及承德棒槌峰上巨石等等，以神化自然之形象与风韵。所称之峦，是指起伏的山峦，山峦叠石不需高耸，但要高低错落，起伏有韵。峰峦假山在北方皇家园林和南方私家园林中都有不少佳作保存。

41 承德避暑山庄棒槌峰

41

山洞：山洞是叠石假山最能体现其技巧与艺术的部分。一些土石混合假山也采用叠石为山洞，是突然改变环境，引人探幽穿洞产生不同气氛韵味的地方。一些山洞中特别设置了桌凳以为留驻歇息和弈棋、纳凉等之用。山洞有大有小，根据山体的尺度而定。如北京颐和园万寿山前山、北海琼华岛后山是规模较大者，上下穿行，时出时入，曲折盘旋，时明时暗，确能引人入胜。江南园林叠石假山山洞，如扬州个园“秋山”之黄石山洞，苏州环秀山庄之湖石山洞，虽体量不大，但经巧妙安排，也极尽引人入胜之能事。山洞的结构主要在于洞顶的处理，一般分为过梁、叠涩和拱券几种方式，其要紧之处是不要露出结构的痕迹，如此方为上品。

涧谷、瀑布：在叠石假山之中，根据水源情况，常常营构成涧谷、瀑布的景观，使叠石假山活力频增。如苏州的环秀山

42 扬州个园东部『秋山』黄石山洞（黄晓供图）

42

43 无锡寄畅园八音涧的山林谷壑（黄晓摄）

43

庄，虽然体量并非巨大，但在咫尺峰峦之间营构了高山峡谷、涧底奔流的景观。而无锡的寄畅园则利用水泉创造出潺潺溪谷流水发出不同声响的“八音涧”，更是有趣。除了在假山底部营造涧谷溪流之外，在山间山顶还可营构下泻的山泉和瀑布景观。皇家园林和官府富豪之园往往利用雨天积水自然跌落，而在南方雨多，常常利用房檐落水引向假山汇成涌泉瀑。计成《园冶》一书中，还专门论述了利用高墙大屋蓄积檐头水以制造飞泉瀑布景观的方法：可利用高楼的墙头做天沟，将檐头水集中在山顶小坑内，再从突出的石口泛漫而下，形成瀑布飞流。在苏州环秀山庄假山等处就有这样的遗存。

矶滩、汀步：这是园林假山水景处理很重要的方法。在大自然中常常可以见到这种景观。如福建武夷山九曲溪的岸边所呈现的石山余脉伸入水中时的情况，在自然山石与水交

44 无锡寄畅园自鹤步滩北望，远景为嘉树堂和七星桥

44

接处的矶滩，比比皆是。叠石假山仿效此种景况，是必然之理。如南京瞻园、苏州网师园、无锡寄畅园、承德避暑山庄等都有这样的布置。有的利用自然溪流布置的园林，如杭州灵隐寺前武林溪岸边就完全是原来自然的矶滩。

汀步是一种踏步桥，也称作跳墩，在园林中常安置于水池或溪流中以为涉水之用，有以整齐石块砌做的，也有用大型卵石、块石安设的，以不规则整齐为佳，如北京中南海静谷、南京瞻园、杭州灵隐寺前武林溪等许多例子。

庭石、盆景：庭石和盆景与假山不同之处在于它们不是堆山叠石所构筑的群体，而是单独之石或极小的山石组合。其功能上的区别在于大小假山均应让人登临其上，庭石和盆景是不能让人登临的。所谓的庭石，是置于庭院或广场之

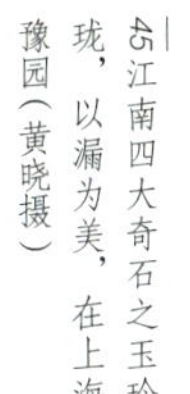

45 江南四大奇石之玉玲珑，以漏为美，在上海豫园（黄晓摄）

45

内的单体石或小型组合。凡庭石均应是具有“瘦、皱、漏、透”的审美标准或是有特殊形态和特殊价值的奇石、异石。庭石的出现，应是在叠石之后，从叠石中之精品石分出能做单独观赏标准者。现在留下的单独观赏石很多，著名的如苏东坡的雪浪石，传为宋徽宗时朱勔进呈“花石纲”遗物的苏州“瑞云峰”，上海豫园“玉玲珑”，北京颐和园“青芝岫”，苏州留园的“冠云峰”“岫云峰”“一梯云”，南京瞻园的“倚云峰”，杭州文澜阁“仙人石”（美人峰），等等。在古代绘画中亦有不少庭石作品，如陕西乾县章怀太子李贤墓出土壁画、唐孙位《高逸图》、宋徽宗画《祥龙石》、宋苏汉臣画庭石芙蓉等等。

盆景是置于盆中之微型叠石，多以各种形式之山石叠

46 苏州留园冠云峰侧影
47 陕西乾陵章怀太子墓中唐代盆景画

46

47

组而成，置于庭院或广场以及室内供近观欣赏。在陕西乾县章怀太子李贤墓壁画中的盆景画展现了早期山石盆景的情况。还有陕西西安出土的唐三彩盆景虽然高不盈尺，但展现了高山深谷和鸟兽林木的壮观场面，可以说更为精巧的“移天缩地”“咫尺山林”尽在一盆之中。盆景的艺术概括达到了造园艺术的高峰，将大自然、天工人巧再度收缩搬进了厅

48 唐孙位《高逸图》中假山

49 陕西唐墓出土的唐三彩假山盆景

堂楼馆和斗室之中，供人们欣赏把玩，是造园艺术的又一飞跃。四川眉山三苏祠的木假山，可称得上是一件十分珍贵的历史文物。近代传世和新创作的各种形式各种质地的假山作品，丰富了造园艺术的内容，美化了室内外空间环境。

第五节

园林理水

地球上的生物，离开了水都不能生存，人是地球上生物的一类，也不能一日无水、一时缺水，水的重要性可想而知。水对于园林来说，是最为重要的因素，试看古代大小园林，不管是烟波浩渺还是潺潺细流或是一勺之沼，都要有水，就是几案所置的小盆景也要有水才行。日本园林中的“枯山水”景也是拟水创造的艺术作品。所以说“无水不成园”是确有其道理的。

在我国古代造园艺术中有着悠久的用水历史和高度的理水艺术成就。三千年前《诗经》上记载的“王在灵沼，於牣鱼跃”已经创造了园林用水的高度成就。《述异记》记载，两千多年前，吴王夫差“作天池”，池中造青龙舟。汉武帝于两千多年前在长安开“昆明池”“昆灵池”，占地达一千万平方米，可见早期帝王宫苑追求水面之大。此后两千多年来，造园工程在理水艺术上不断发展，从早期利用自然为主逐步走向更加精审处理水景观的历程，产生了许多理水的经验与精湛的理论，是古代造园艺术高度成就的重要组成部分。

中国古代园林艺术中所谓的理水，首先是探寻如何利用自然的水源，将其合理而又艺术地组织到园林的景点之中。理水还包括人工制造水景和水的排泄处理等技术问题。

50 广东番禺余荫山房庭石

50

探寻水源是造园选址和规划设计的一个十分重要的步骤。水源的情况，决定着园林的规模大小和艺术形态。利用自然水源，是最佳的选择，因为自然水源既优美又经济。自然水源有江、河、湖、池、山泉、溪流、濠涧、喷泉等等。现存的许多名园都是因有优越的水源条件而形成的。如著名的皇家园林颐和园就是选择了西山诸泉所汇成的大水域昆明湖而兴建的。因此，这里很早就有了园林的兴建，从元代的瓮山泊到清代的昆明湖，一直不断利用这一水源修建发展，至今它仍然是这一名园最重要的水景。承德避暑山庄，也是康熙经过多番勘察，选择了“热河”这一中国最短的河作为水源（热河实际上是一处丰富的地下泉水引出的短流，称之为河）而兴建的，因有这一“热河泉”，也被称为“热河行宫”。江苏扬州的瘦西湖园林，也是精心选择、充分利用了

52日本大仙院枯山水全景（引自周维权《园林的意境》）

◀51日本大仙院枯山水局部

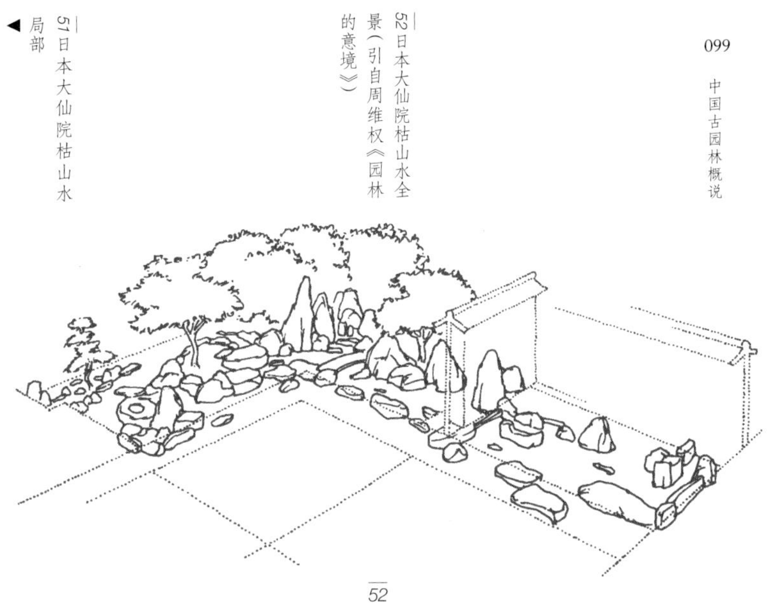

52

扬州古城河的条件，“两堤花柳全依水，一路楼台直到山”的园林布局正是依照这一水源的特点而规划设计的。江南私家园林的发展和艺术上的成就，正是由于有了优越的水源条件。如苏州园林之所以得到如此的兴旺发展和高度的艺术成就，正因为具备了“东方威尼斯”这样河网水系的优越水源条件。杭州出现了如此众多优美的风景名胜和园林，也正是由于有了钱塘江和西湖这样优越的水源条件。其他各种寺观、祠馆、书楼、书院园林也都莫不如此。

要在水源缺乏或无自然水源可利用的地方兴建园林，就必须人工创造水源条件。在我国造园史上不乏人造水源之例，其办法主要是开挖湖池或打井取水。周代的“灵沼”可能就是在已有水塘的基础上予以挖掘加工的，秦始皇在上林苑开的长池和汉武帝所开“昆明池”“昆灵池”更是大规模人工创造水源条件的例子。在一些小型私家园林和寺观、祠馆园林中，往往以打井取水的方式来寻取水源。这里要特别提出的是，在人工制造水源的时候，仍然要仿效自然水源，做出水流源头和水流流出的情况，以及制造成溪流、濠濮、潭渊等水形。

理水的造园艺术手法更为丰富的内容，还在于对水形、水景的处理。水形、水景的处理方法式样繁多，仅举以下几种：

1.湖泊、池塘

湖泊、池塘均是一种闭合型的水体，从字义上讲，湖泊、池塘解释虽有所不同，但在园林修辞上则无一定之规，根据造园艺术之需要而定，有时交互使用，按园主之兴意而定名。如颐和园之昆明湖，曾称作过西湖、大泊湖、瓮山泊等等，清代因效汉武帝在长安开昆明池操练水军的故事才改为昆明湖的。北京的北海、中南海，原称作太液池，后称之为海。湖、泊、池、塘、海、沼等，在园林用语上并无大小之分，有时甚至把一勺之水也称为湖、海，但有一点是相同的，即它们均为一个由山石土堤围合的水面。其构成主要来自两个方面，一是利用天然水面，凡大的园林多以利用自然水面为主，如杭州的西湖、惠州的西湖、扬州的瘦西湖、北京的颐和园昆明湖、无锡蠡园的五里湖等等，甚至云南建水文庙的泮池也利用了巨大的湖面以营造其庙园气氛。二是人工开凿湖池水面。在前面提到过秦皇汉武以至于历代皇家官府、寺观、私家园林都有耗费巨大的人力物力开凿湖泊与池

53瓮山泊改造成昆明湖后水面扩大了一倍（选自周维权《中国古典园林史》）

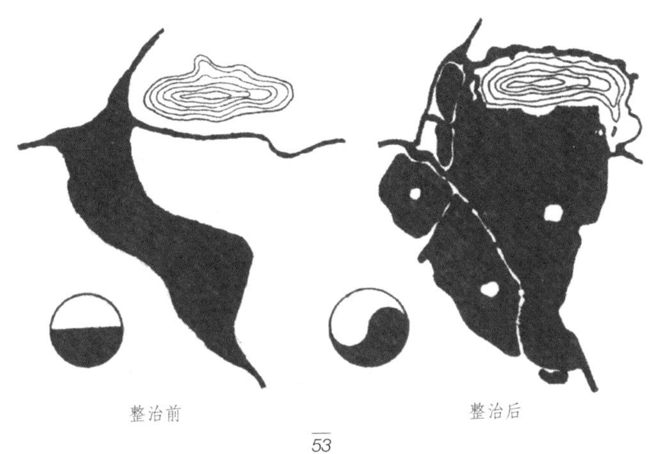

53

塘的例子，有些水面是经过多年的不断经营才扩大而成，如北京三海中的南海部分是明代在太液池的基础上开拓的，颐和园的昆明湖也比原来的瓮山泊扩大了许多。至于一些小型的寺观祠馆和私家园林，在难以利用自然水面的情况下，只好人工开辟水面，数量之多不胜枚举。

闭合水面的形式，方圆曲折，弯曲回环，种类甚多，但归纳起来不外乎自然弯转形和几何形两大类。自然弯转形的湖泊、池塘水面是曲折的岸边所围成，经常把它做成港汊、水湾等形状，使之产生流域广阔、望之不尽、小中见大的效果。岸边则模仿自然山岸或以自然形态散置叠石，酷似自然湖池之水边。大型湖池除了在岸边做出港汊、水湾、土石自然岸景之外，还需在水面上做处理，往往设置岛屿、长堤、短堤、桥梁、纤路、码头等等，以打破大型水面的孤寂。如杭州西湖除在湖中仿三神山设岛之外，还设了苏堤、白堤两道长堤。北京颐和园也在昆明湖中设岛、筑堤增加景点。规则整齐的几何形水面，大多是人工开凿的湖泊、池塘，在小型园林中较多。其形状有方有圆，有长方形也有多边形，还有眼镜湖、月牙湖等等。池塘岸边也有仿自然土石的，而一些小园中的池塘在布置水面时常用整齐石块砌成垂直驳岸，并在岸上修建亭台廊庑或栏杆石凳以供坐立观赏。

2. 渊潭

这也是一种闭合型的水面，其特点是空间集中而深陷，其岸壁较高，水位标高较低，周围环境浓郁荫蔽。因其水深，常被人们说成是龙的出没之处，谓之龙潭，如北京即有黑龙潭、白龙潭等胜景。一些私家园林中也仿渊潭的意境布置，如苏州环秀山庄“半潭秋水一房山”即指亭子旁边的小潭，无锡寄畅园秉礼堂前的小池，即按渊潭的处理方法，效果甚佳。杭州西湖西泠印社的小型水池四周布置成翠竹浓阴，岸石陡峻，富有渊潭的韵味。至如庐山三峡涧旁的玉渊潭、青玉峡的龙潭则是溪涧奔流下注深渊之中，惊波汹涌，四壁崖石陡峭，水深莫测，又是一番动态的水景。

当然，另外还有一些称为渊潭的大型的水面，如云南丽江的黑龙潭、北京的玉渊潭、上海嘉定汇龙潭、浙江雁荡山石门潭等等，虽然水面较为广阔，但总也含有水深环境荫葱之意。

3. 溪涧、濠濮

它们与湖泊、池塘等围合型水面的不同之处是它们仿照江河、溪流的景色，被称为带形水面。它们的特点须是溪流弯曲，仿照自然溪流做成土石河溪岸边景色。弯曲的河溪不仅仿照自然，而且可增加水面流程，制造源远流长的意味，也延长了观赏线路。河溪水面亦分作利用自然和人工创造两种。二者当以利用自然河溪为佳。因自然河溪皆为流水，许多名山胜景、寺观书院园林于此得天独厚。如杭州九溪十八涧、灵隐寺前之武林溪即利用自然溪涧稍加整饰，便成佳景。庐山白鹿洞书院前清溪环绕，书院相宜布置并未多加斧斤，天然有趣。北京大觉寺山泉清流穿绕寺中，别具风格。古代大型宫苑，或据河川而经营，或引河川而布局。《阿房宫赋》中所说的"二川溶溶，流入宫墙，五步一楼，十步一阁"指的是渭川和樊川两条大江流经阿房宫，并在其间修建了众多的亭台楼阁，造成的宫苑宏伟的图景。而在一些没有自然江河川流利用的地方，兴建园林，就需要人工的创造。在我国造园艺术中，也有不少成功之作。如苏州戒幢律寺西园东部的带形水面，上海南翔古猗园东部的水面，苏州留园西南部"活泼泼地"景点以南的溪河景观，等等。

濠濮是带形水面营构的一种特殊的形式。濠濮二字本为今安徽、河南之古濠水与濮水名，被造园学家用来称谓一种水面狭长、山高水深、夹岸垂萝的幽深景观。如苏州耦园东部因地势较高，水位较低，造园时在岸边增高叠石，岸上种植悬垂植物，将其处理为濠濮的景观甚是高妙。濠濮是根据中国造园艺术上借庄子与惠子游于濠梁之上的对话来营造景观。庄子说："鱼出游从容，是鱼之乐也。"惠子说："子非鱼，安知鱼之乐？"庄子又说："子非我，安知我之不知鱼之乐？"由这故事所营构的园景往往在濠濮景观之内修筑高架石板或贴水建桥以反映这一佳话。如北京北海的濠濮间、颐和园的谐趣园等等，反映了中国古代哲学和文化的内容。

4. 瀑布、喷泉

这是园林理水艺术中极为重要的一个项目。李白的"飞流直下三千尺，疑是银河落九天"这一壮丽的自然景观，早已被古代造园艺术家争相仿效于园林之中。利用自然的瀑布、喷泉当然是首选的方式。在许多具有山溪涧谷的寺观、别墅园林和大型湖山园林中，瀑布之景天成，引人入胜。而很多在城乡平坦之地的园林，就必须以人工提水至高处使之下落方可成为瀑布。如元代陶宗仪《辍耕录》上记载，在元大都宫苑中的万寿山（今北京北海琼华岛）有"引金水河至其后，转机运㪺，汲水至山顶，出石龙口，注方池"，然后将其下泻，创造人工瀑布的情况。清代扬州江氏东园和苏州狮子林将水柜设在墙头和屋顶之内，储水下泻以为瀑布之景。也有使瀑布从假山洞口之外流下，造成水帘洞的景观。如赵吉士《寄园寄所寄》上所记西苑（今北京北海）"有殿倚山，山下有洞，洞上石岩，横列密孔，泉出迸流而下，曰水帘。其淙散激射，飞薄溅洒，最为可玩”。这种瀑布和水帘洞的景观在古典园林和风景名胜区中的实物保存尚多，且为许多新建园林和风景区所仿效。

与瀑布相对的水景为激水上喷，形成不同的水景。当然最好的方法是利用自然的喷泉，如济南的趵突泉、金线泉、漱玉泉，北京玉泉山的“玉泉趵突”，都是很好的自然喷泉之景。然而在没有自然喷泉的地方，古代造园家们也创造了人工喷泉的景观。据历史文献记载，在一千多年前就曾经有引水至高处，下注从特制的龙口、莲花中喷出的造园水景。

5. 流杯渠

这种水景在造园理水艺术中具有浓厚的文学韵味。它源于一千六百多年前著名书法家、文学家王羲之的《兰亭序》:“引以为流觞曲水，列坐其次，虽无丝竹管弦之盛，一觞一咏，亦足以畅叙幽情。”这种雅集盛会自然是园林中不可多得的内容。以后历代仿之效之，在北宋李明仲《营造法式》一书中还对它的做法有了叙述。其建造方式有两种，一为“剜凿水渠造”，即是在整块石头上开凿出弯曲的水槽，二为“砌垒底版造”，即是在一块底版石之上以石块砌成水渠。水渠的图像又有“国”字和“风”字的形式，并附有图样以供参考。现存“流觞曲水”的实物很多，绍兴兰亭王羲之写序之处虽从原址迁移，但仍保存了当年利用自然溪流的韵味。河南登封崇福宫泛觞亭遗址和四川宜宾流杯池为宋代遗迹，已经是人工开凿的几何图形结构了。清代高士奇《金鳌退食笔记》中所记“甃石引水，作九曲流觞”的遗物在皇家宫苑和私家园林中随处都可见到。如北京故宫乾隆花园的禊赏亭、中南海流水音等等。北京萃锦园（恭王府花园）中的流杯渠还专门设置了高处井水下注以达到羽觞浮流的效果。在文献上，元大都宫苑中亦有流杯渠的记载。据明初萧洵《元故宫遗录》上记载：瀛洲海子（今北京北海公园）又稍东，有流杯亭，“中有白石床如玉，临流小座，散列数多。刻石为水兽，潜跃其旁，涂以黄金。又皆亲制水鸟浮杯，机动流转而行，劝罚必尽欢洽”。虽然遗址早已不存，但从这一记录中可知这一流杯渠建筑之精美，较之明、清之装点意味远胜一筹。

中国古园林中理水的艺术还很多，如翻波激浪、倒映浮光等等，不能一一列举。

第六节

园林动植物生态环境艺术

人类处于广阔的地球生态环境中，属于地球生态系统的一部分。我国传统的“天人合一”“天地与我并生，而万物与我为一”的哲学思想，“返璞归真”，入化自然的理想，正是与现代生态环境科学理论相符合的。园林又是人类居住环境中最理想的境界。自秦汉之阿房宫、上林苑等直到清代的圆明园、清漪园、避暑山庄，历代帝王的宫苑及王公显宦、富豪之家，莫不将宫殿、宅第置于园苑之中，以求理想之居住环境。这是因为园林不仅有人工之构筑，而且有动植物等生态环境的协调共处。

园林的动植物生态环境与完全自然存在的生态环境的不同之处，在于它还经过了人类的艺术加工处理。从广泛的含意来说，建筑、叠山、理水也都是经过艺术加工的环境，但它们与动植物生态不同之点在于它们是固态的，而不是时时都在生长衰灭的。因而在这里将中国古代造园艺术中的动植物生态环境艺术做简要介绍。

1. 园林植物生态环境艺术

植物是生态环境中极为重要的一部分，在地球生态系统四大基本组成成分中占了关键的地位，离开了它，世界上一切生物都不能存在。人和一切动物都靠它而生存繁殖。人类除了为生存而产生了对植物的认识需求之外，还逐步产生了文化艺术美的需要，突出地表现在园林艺术上。

上面曾经提到“无山石不成园”“无水不成园”，这里更需要提出的是“无植物不成园”，一个园林如果没有花草树木，那就缺乏生机，索然无味了。试观一下我国古典园林，恐怕找不出一个没有草木的园林来。就是一般农村人家也要

54 苏州艺圃东岸乳鱼亭和南岸假山（黄晓摄）

54

在房前屋后种一点竹木，在天井中摆一盆花草。

对植物环境艺术的处理和表现方法，有许多不同的形态，根据各个国家、地区、民族等不同的自然条件与文化传统而有所区别。归纳起来主要有以中国为代表的东方“自然式”艺术形态和以意大利、法国等为代表的西方“几何图案式”艺术形态两大类。此外，还有一些所谓纯原始的“荒野般自然”形态，因其不属园林艺术之列，在此不做赘述。“几何图案式”艺术形态的特点在于，园林植物的配置不管是总体布局还是分株形体都把它们按照整齐对称的几何形图案处理，把花草布置成织花地毯那样的所谓“刺绣花圃”（Parterre de la Broderie），树木成排成列种植，有的园林还将树木按几何形体，或照瓶、塔、舟、船、人物、动物等形象修剪，并称之为“绿色雕塑”。到18世纪，欧洲的一些国家受到中国自然式园林的影响，曾出现了自然风景式园林（Landscape Garden），法国直接称之为中国式园林，其突出之点就是表现在对植物形态的艺术处理方法上。由此也可看出植物的形态对园林风格所起的巨大作用。

中国三千多年的造园史，一开始就十分重视动植物生态环境的艺术处理。在古文字中，园林名称的“园”“苑”“圃”“囿”等就是种植树木花草和养育动物的场所。早期园林由于大量利用自然，对植物极为重视，这一传统三千多年一直不变。两汉时期进一步扩大的上林苑广植了各方进贡的异木奇花达三千多个品种。除帝王宫苑之外，其他达官显宦、富户豪绅的私园中也都广罗奇花异草，高林巨树。还有许多专门以植物突出的园林，如晋代以植物命名的园林有桑梓园、灵芝园、葡萄园等等。汉代梁王兔园中的植物艺术景观据江淹《学梁王兔园赋》上说：“青树玉叶，弥望成林……缥草丹蘅，江蓠蔓荆……金塘涠演，绿竹被坂。”庾信《小园赋》上说：“榆柳两三行，梨桃百余树……草树混淆，枝格相交。”北宋时期除徽宗将以“花石纲”名目从江浙一带进贡之奇花异木充御苑之用外，一般私家园林也争相以名花异木夸胜。据李格非《洛阳名园记》描写李氏仁丰园时说：“桃、李、梅、杏、莲、菊，各数十种，牡丹、芍药至百余种，而又远方奇卉，如：紫兰、茉莉、琼花、山茶之俦……有至千种者。”洛阳牡丹被称为“国色天香”，至今仍享誉海内外。许多古树名木、珍稀花卉成了某一城市、

55 拙政园自枇杷园北望，植物层次丰富（黄晓摄）

55

某一寺观、某一风景园林或景点的标志，如山东菏泽的荷花，江苏苏州光福香雪海的梅花，北京法源寺的丁香、天坛的古柏，河北承德避暑山庄松云峡和万壑松风的古松，四川长宁、江安的竹海，等等。至于像山西晋祠的周柏，山东泰安岱庙、大红门的汉柏，陕西延安黄帝陵的挂甲柏，河南登封嵩阳观的大将军、二将军古柏，等等，已成了名木珍宝——“活的文物”。有许多古树名木还被帝王封侯赐爵，如被秦始皇封官的泰山五大夫松，被乾隆皇帝封作遮荫侯、探海侯、白袍将军的北京北海团城上的古松柏，等等。

园林植物的品种非常丰富，根据《花经》《长物志》《植物名实图考》《花卉图说》等园艺书籍记载，主要可分为乔木、灌木、花灌木、藤蔓花木、草本花卉、竹类、水生植物等。各种植物的配置不仅要符合它们本身生物学的特点，比如要确定哪些花草树木适宜于阴坡阳坡、宜干宜湿、耐寒耐暖，而且还要进行景观艺术的处理，要考虑它们本身的艺术形象和色彩、风格等等。一本名叫《秘传花镜》的书上“种植位置法”一节中做了很好的经验总结：“如园中地广，多植果木松篁。地隘，只宜花草药苗。设若左有茂林，右必留旷野以疏之；前有芳塘，后须筑台榭以实之。外有曲径，内当垒奇石以邃之。花之喜阳者，引东旭而纳西晖。花之喜阴者，植北囿而领南薰。其中色相配合之巧，又不可不论也。如牡丹芍药之姿艳，宜玉砌雕台，佐以嶙峋怪石，修篁远映。梅花蜡瓣之标清，宜疏篱竹坞，曲栏暖阁，红白间植，古干横施。水仙瓯兰之品逸，宜磁斗绮石，置之卧室幽窗，可以朝夕领其芳馥。桃花夭冶，宜别墅山隈，小桥溪畔，横参翠柳，斜映明霞。杏花繁灼，宜屋角墙头，疏林广榭。梨之韵，李之洁，宜闲庭旷圃，朝晕夕霭，或泛醇醪，供清茗以延佳客。榴之红，葵之灿，宜粉壁绿窗，夜月晓风时焚异香，拂麈尾以消长夏。荷之肤妍，宜水阁南轩，使薰风送麝，晓露擎珠。菊之操介，宜茅舍清斋，使带露餐英，临流泛蕊。海棠韵娇，宜雕墙峻宇，障以碧纱，烧以银烛，或凭栏、或欹枕其中。木樨香胜，宜崇台广厦，挹以凉飔，坐以皓魄……其余异品奇葩不能详述，总由此而推广之。因其质之高下，随其花之时候，配其色之浅深，多方巧搭，虽药苗野卉，皆可点缀姿容，以补园林之不足。”

我们从上面所举花品的形态、颜色等与园林地貌、建筑、山石、水况的配置上，可以看出园林植物生态与艺术环境的密切关系。不仅花品如此，其他各种乔木、灌木、竹类、藤蔓、水生植物等也莫不如此，都要根据它们的生理和客观的环境以及人们的文化需求加以艺术的布置。

2. 园林动物生态环境艺术

动物是自然生态环境中最富生命力的一部分。它们和植物之间以及它们自身各类之间都保持着一种生态环境协调和平衡发展的关系。不管是人为的还是外力的原因，如果生态环境失去协调或平衡，都将会对地球上生命的存在造成危害甚至毁灭生命。地球多少亿年的发展史，已证明了这一点。如熊猫食用竹子的衰败，就会造成熊猫生存困难，就是其例。园林动物生态环境与大自然动物生态环境虽然都要尽最大可能保持其原始的环境状况，但两者也有所区别，即是园林动物生态环境要经过艺术的处理。因为对动物的选择，对动物彼此之间的分别安置，对动物的人工饲养、放养、驯养、繁殖等等，还需要进行许多的科学管理。然而最重要的一点则是园林动物也要作为一种景观艺术来处理。就是在近

56苏州艺圃框景

56

代开辟的动物园，也需要通过安全的旅游设施和交通条件才能进行参观游览。

在造园史上，对动物景观的处理，有着非常悠久的历史。在三千多年前周文王的以利用自然为主的大型园林中就畜养了鹿、雉、兔和各种水鸟、鱼类等观赏动物。《诗经》上说:“王在灵囿，麀鹿攸伏。麀鹿濯濯，白鸟翯翯。王在灵沼，於牣鱼跃。”诗句生动地描述了灵囿、灵沼这两处的陆上和水中动物生态环境的艺术形态。以后的春秋战国和秦汉时期的帝王宫苑中，莫不畜养大量的走兽飞禽以充实园林景观。西汉文帝之子梁孝王在他所营造的东苑中也布置了猿岩、雁池、鹤洲、凫渚等动物环境的景观。茂陵富户袁广汉所建私园，在人工山水之间饲养了白鹦鹉、紫鸳鸯、牦牛、青兕等等奇禽怪兽，并以园中营造的沙洲、溪流、蒲苔丛生的自然环境，引来了一些野生动物繁殖其间，平添了许多天然野趣。此后历代帝王，一直到清代皇家园林中，莫不养育着大量的飞禽走兽。大型的帝王宫苑，如北京圆明园、清漪园、静宜园，承德避暑山庄等有较大的自然山水条件，经常放养着各种飞禽走兽；而私家园林范围较小者，大多专门设了鸟笼、兽房以为饲养禽兽之所。如广东番禺的余荫山房、台湾地区新北市的林家花园都专门修建了鸟笼兽房。一些较大的私家园林，如苏州拙政园在三十六鸳鸯馆前池塘中放养戏水鸳鸯，艺圃也在假山之上放养兔子等小禽兽，以仿效野生动物之意趣。

中国古园林中放养动物的种类数量甚多。康熙年间陈扶摇著有《秘传花镜》一书，他在书中把园林动物归纳为禽鸟、兽畜、鳞介、昆虫四大类，并分别介绍了各个种类的习性和饲养方法以及其欣赏观点等内容。兹介绍他在观赏艺术方面的理论，以供参考。

禽鸟类：他认为，禽鸟能增加园林愉悦的视听趣味。羽毛美丽，富有观赏价值，使人悦目。鸣声姣好，有天籁之音，闻之令人心旷。禽鸟戏斗，飞翔水面、枝头，增加了观者喜悦心情。书中列举了鹤、鸾、孔雀、鹭鸶、乌凤、鸲鹆、鹰、雕、鹞、雉、鸡、竹鸡、鸳鸯、鸿雁、百舌、燕子、画眉、巧妇鸟、护花鸟等等多种禽鸟的名称。

兽畜类：他认为，家畜和可以驯养的野兽，都是“足供园林玩好”之用的动物，如鹿、兔、猴、犬、猫、松鼠等等。在这里他没有将野生凶猛动物列入，因为他描述的只是江南和一些较小的园林。

鳞介类：他在这一类中还收入了两栖类动物。他认为这类动物在园林中颇有欣赏的价值。他说：“有色嘉鱼，任其穿萍戏藻；善鸣蛙鼓，听其朝吟暮噪；是水乡中一段活泼之趣，园林所不可少者也。”他列举了金鱼、斗鱼、绿毛龟、蟾蜍（蛙类）等等。

昆虫类：他关于昆虫在园林中的作用的看法是：“花间叶底，若非蝶舞蜂忙，终鲜生趣；至于反舌无声，秋风萧瑟之际，若无蝉噪夕阳，蛩吟晓夜，园林寂寞，秋兴何来。”

他列举了蜜蜂、蛱蝶、蟋蟀、鸣蝉、金钟儿、纺织娘、萤等品类。

陈扶摇《秘传花镜》一书虽然出自清代初年，主要以描述南方园林为主，但也是他多年经验的积累，概括了悠久的造园历史和广泛的动物品种，特别是介绍了这些动物的生理特点以及与园林文学艺术的关系等等内涵，可说已相当的齐备了，可以作为古园林动物生态环境艺术处理研究的重要参考。

园林动物景观的布置，是中国古代造园艺术中的一个重要内容，有许多独特的技艺，举凡鸟、兽、鱼、虫等等各大类品种的选择，畜养方法，驯养技术，繁殖优化，等等，都有着传统的经验值得继承与借鉴。至于在园林中如何安放它们，或放养，或笼圈，或棚舍，或聚，或散，或诱引（如蜂蝶之类），均要视园子的大小、园林的特点和文化艺术需要等具体情况而定。

园林谈往

我国的造园艺术，有几千年的悠久传统和许多无比优美的杰作，其精湛的设计，顺应自然，利用自然，以及适应人们休息游乐的需要，等等，在造园艺术上可以说达到了高度的成就。因此，如何继承和发扬这份优秀传统，保存利用现在的许多园林杰作，是一件重要的事情。

兹将个人所知有关我国造园的历史和见到的几处园林，做简略介绍。

关于园林的文献

在古代历史文献中，关于园林的记载非常丰富，如《诗经》《孟子》《淮南子》《史记》等书中，都有关于园林的叙述，《三辅黄图》《西京杂记》《大业杂记》等书中记载营造园林以及当时园林盛况的事迹亦不少。各省县志中对名胜古迹、园林居宅的详尽记述，对于研究地方园林而言，为不可缺少的资料。其他如《南宋古迹考》《汴京遗迹志》《历代宅京记》《西湖游览全志》《日下旧闻》《日下旧闻考》等专门记述某一地方的名胜古迹的书籍，对于当地的园林史迹，叙述尤详。

在古代文学中，对于园林设计与园林情况的叙述、描写、歌颂非常丰富，如汉张平子《二京赋》，王文考《鲁灵光殿赋》，司马长卿《子虚赋》《上林赋》，何平叔《景福殿赋》，谢叔源《游西池》，唐杜牧《阿房宫赋》，等等，对园林刻画入微。《红楼梦》中对大观园的描写，体现了当时庭园设计的构思。

古今不少的旅行家，也以他们豪迈的笔调记录了各地名园的景色，因此不少游记、随笔中，也有关于园林的文献。特别是游览园林的专记，如宋李格非《洛阳名园记》、明王世贞《游金陵诸园记》等，更是研究中国园林历史的宝贵材料。

在我国悠久的造园实践中，杰出的艺术家们做出了杰出的理论贡献。明代以前的文献，散见于各种记载的不可胜计。明代崇祯间，吴江人计成以其自身之造园经验，写成《园冶》一书，详述造园之理论技法，在我国造园史上写下了光辉的一页。该书凡三卷，分为兴造论、园说、相地、立基、屋宇、装折、墙垣、铺地、掇山、选石、借景等十章，地形选择、基础建立以及房屋门窗式样、墙垣、地面、假山堆叠等莫不详述；最后一章“借景”尤为独到，对于环境、四周景色的利用问题，也都申述备详，实是一部精湛的造园学专著。

明代大画家文徵明之曾孙文震亨著《长物志》一书，其中室庐、花木、水石诸章，论述亦极精湛。尤其是“水石”一章，备述园林中广池、小池、瀑布、天泉、地泉、流水的设计，以及灵璧石、英石、太湖石、昆山石等之选用，其论水与石相结合亦是意匠深奥，与《园冶》一书相较，虽不及其全，但在我国造园史上，同为不朽杰作。

清代钱塘李渔《闲情偶寄·居室部》与园林设计亦有很大关系。如“房舍”一章中有：“创造园亭，因地制宜，不拘成见，一榱一桷，必令出自己裁……土木之事，最忌奢靡……盖居室之制，贵精不贵丽，贵新奇大雅，不贵纤巧烂漫……”其余牖栏取景、大山、小山、石壁各节，也都深微奥妙，是研究我国园林史及造园艺术的一部重要论著。

记载中的园林

《诗经·灵台》上描述周文王的宫苑情形说:“王在灵囿，麀鹿攸伏。麀鹿濯濯，白鸟翯翯。王在灵沼，於牣鱼跃。”《三辅黄图》说:“文王作灵台而知人之归附，作灵沼、灵囿而知鸟兽之得其所。”

《周礼》记载了周代设官管理园囿的事。“囿人，中士四人，下士八人，府二人，胥八人，徒八十人。”以掌管园林事务及禽兽鱼虫的饲养，树林、花草、果木的培植等，可知当时的园林已相当宏大完备了。

春秋战国时，各国对于宫室园苑的经营，竞相比赛，虽然实物不存，但从记载上尚可窥见其梗概。如吴王夫差之梧桐园、鹿园、姑苏台等，皆其著名者。《太平广记》引《述异记》称，“吴王夫差筑姑苏台，三年乃成”,《吴郡志》引《洞冥记》说夫差所筑之姑苏台，“周旋诘屈，横亘五里，崇饰土木，殚耗人力，宫妓千人，台上别立春宵宫，为长夜之饮”。“夫差作天池，池中造青龙舟”(《述异记》)，“于宫中作海灵馆、馆娃阁，铜沟玉槛，宫之楹槛皆珠玉饰之”，足见其规模之宏阔与建筑之华丽了。秦始皇统一中国，在咸阳（今陕西西安市西）大兴土木，广营宫苑，规模宏大的上林苑在此建成，又于始皇三十五年（公元前212年）在上林苑中建造了前殿阿房。据唐人杜牧《阿房宫赋》说：“……覆压三百余里，隔离天日。骊山北构而西折，直走咸阳。二川溶溶，流入宫墙。五步一楼，十步一阁；廊腰缦回，檐牙高啄；各抱地势，钩心斗角。盘盘焉，囷囷焉，蜂房水涡，矗不知其几千万落……”以上的记录，虽系千年后之追述，亦可推知宫苑规模之巨大壮丽。

汉武帝上林苑的规模，更加宏大，苑的范围三百里，离宫七十余所，名花异卉，珍禽奇兽，靡不毕备。甘泉苑周回五百四十里，宫殿台阁百余所，有仙人观、石阙观，并凿池以资充实水面。《汉官典职》上说：“宫内苑聚土为山，十里九坂，种奇树，育麋鹿、麑麂、鸟兽百种。激上河水，铜龙吐水，铜仙人衔杯，受水下注……”由此可知苑中山水、花木、禽兽之繁盛。

除了帝王宫苑之外，汉代的私家园林亦空前兴盛，著名的如袁广汉于北邙山下经营之私园，《西京杂记》记称：“茂陵富人袁广汉，藏镪巨万……于北邙山下筑园，东西四里，南北五里，激流水注其内，构石为山，高十余丈，连延数里。养白鹦鹉、紫鸳鸯、牦牛、青兕，奇兽怪禽，委积其间。积沙为洲屿，激水为波潮。其中致江鸥海鹤，孕雏产鷇，延漫林池。奇树异草，靡不具植。屋皆徘徊连属，重阁修廊……”其他的私家园林可以此而推知。

三国时起铜雀园，曹丕《登台赋》描述园内景色道：“……飞阁崛其特起，层楼俨以承天。步逍遥以容与，聊游目于西山。溪谷纡以交错，草木郁其相连……”魏明帝曹叡起景阳山于芳林园中，重岩复岭，深溪洞壑，高林巨树，悬葛垂萝，石路崎岖，涧道盘纡，模仿自然山林景色，但园在城内缺水，又作翻车，令童转之灌水，于是更加完备。此外东吴的芳林苑、落星苑、桂林苑等都是有名的园林。

司马炎统一三国，建都洛阳，设灵芝园、平乐苑、鹿子苑、桑梓苑、鸣鹄园、葡萄园等园苑，改建华林苑，更是增辉，盛极一时。

南朝山水秀丽，条件天成，宋、齐、梁、陈四代于宫室园苑亦多经营。元帝南迁金陵（今江苏南京），在台城之北建华林苑，复于台城附近植花柳、起楼台，一时为之称丽；如宋之乐游苑、青林苑、上林苑，齐之新林苑、芳乐苑，梁之兰亭苑、江潭苑、上林苑等皆很有名。齐谢朓《入朝曲》描述金陵宫苑情形，“江南佳丽地，金陵帝王州。逶迤带绿水，迢递起朱楼。飞甍夹驰道，垂杨荫御沟”，可见其时宫苑面貌。此外，私家造园也盛极一时。如梁江淹《学梁王兔园赋》写道：“碧山倚巇崎兮，象海水碣石，朝日晨霞兮艳红壁……青树玉叶，弥望成林……缥草丹蘅，江离蔓荆……

于是金塘洒演，绿竹被坂……”北周庾信《小园赋》描述道：“榆柳两三行，梨桃百余树，拨蒙密兮见窗，行攲斜兮得路……草树溷淆，枝格相交……”从上面的描述中，可知当时私家造园艺术，以利用自然、顺应自然为上乘。

北朝园林，虽无南朝之盛，而帝都宫苑，亦有不少营建。如《册府元龟》上记载北魏道武帝“（天兴）二年春二月，以所获高车众起鹿苑，南因台阴，北距长城，东包白登，属之西山，广轮数十里。凿渠引武川水，注之苑中，疏为三沟，分流宫城内外”。规模亦复不小。

隋炀帝统一南北，大兴土木。据《大业杂记》载：“元年夏五月，筑西苑，周二百里，其内造十六院，屈曲周绕龙鳞渠。其第一延光院，第二明彩院……庭植名花，秋冬即剪杂采为之……每院开西、东、南三门，门并临龙鳞渠。渠面阔二十步，上跨飞桥。过桥百步即杨柳修竹，四面郁茂，名花美草，隐映轩陛。其中有逍遥亭，四面合成，鲜华之丽，冠绝今古……苑内造山为海，周十余里，水深数丈。其中有方丈、蓬莱、瀛洲诸山，相去各三百步。山高出水百余尺，上有通真观、习灵台、总仙宫……东有曲水池，其间有曲水殿……”其他尚有许多宫苑、林池，不可胜计。

唐代励精图治，国力富强，所建园林，如禁苑翠微宫、笼山诸园皆其著名者。《长安志》上说唐“禁苑在宫城之北，东西二十七里，南北三十三里，东接灞水，西接长安故城，南连京城，北枕渭水……”，规模之大，亦属少见。骊山华清宫，池涌温汤，林木茂密，“春寒赐浴华清池，温泉水滑洗凝脂”，明皇与贵妃当年游乐之地，亦是当时精美的园林之一。此外在唐长安城之东南角，因地势，就宜春苑旧基辟“曲江”，每当二月中和、三月上巳、九月重阳等节，长安倾城空巷，公侯王孙、庶民百姓，甚至玄宗皇帝都前往游玩。环江有观榭、宫室、紫云楼、采霞亭等建筑，诚为封建时代少有的公共游乐之地。

唐代诗人、画家，以其对祖国山河景色、自然风物等吟咏、描绘的心得，用之于园林布局的设计而兼为造园艺术家者，为前所未有。著名的诗人白居易在其《草堂记》中写道:“匡庐奇秀甲天下山……元和十一年秋，太原人白乐天见而爱之，若远行客过故乡，恋恋不能去，因面峰腋寺，作为草堂。明年春……仰观山，俯听泉，傍睨竹树云石……是居也，前有平地，轮广十丈，中有平台，半平地。台南有方池，倍平台。环池多山竹野卉……”像这种完全融合于大自然中的设计方法，为中国园林布局上的特色。王维以有名的诗人与画家身份兼造园林，曾在辋川置别业，做庭园，在其内配置孟城坳、华子冈、文杏馆、斤竹岭、临湖亭、柳浪、白石滩等景色，以画设景，以景入画，互相融会贯通，达到了高度的境界。

宋代帝王之园囿，首推宋徽宗之寿山艮岳。《宋史·地理志》上记载:“政和七年，始于上清宝箓宫之东作万岁山。山周十余里，其最高一峰九十步……山之东……有书馆、八仙馆、紫石岩、栖真嶝、览秀轩、龙吟堂。山之南则寿山两峰并峙，有雁池、噰噰亭，北直绛霄楼。山之西有药寮，有西庄，有巢云亭，有白龙沜、濯龙峡……宣和四年徽宗自为《艮岳记》，以为山在国之艮，故名艮岳……自政和讫靖康，积累十余年，四方花竹奇石悉聚于斯，楼台亭馆虽略如前所记，而月增日益，殆不可以数计。宣和五年，朱勔于太湖取石，高广数丈，载以大舟，挽以千夫，凿河断桥，毁堰拆闸，数月乃至，赐号'昭功敷庆神运石'，是年初得燕地故也……"当时由宦官梁师成主持此事，平江（今江苏苏州）人朱勔取浙中珍异花木竹石以进贡，号称为"花石纲"，朝廷还专门在平江设了应奉局，所费动以亿万计。

宋代士大夫亦大量经营园林，如《洛阳名园记》所载富弼所营富郑公园，"洛阳园池，多因隋唐之旧，独富郑公园最为近辟，而景物最胜。游者自其第东出探春亭，登四景堂，则一园之景胜顾可览而得。南渡通津桥，上方流亭，望紫筠堂而还。右旋花木中百余步，走荫樾亭、赏幽台，抵重波轩而止。直北走土筠洞，自此入大竹中……"园虽不大而景物亦复变化无穷。文潞公（彦博）东园，"水渺弥甚广，泛舟游者如在江湖间也。渊映、瀍水二堂，宛宛在水中，湘肤、药圃二堂间，列水石……"此园的布置以水取胜，亦是我国园林设计的一种传统风格。

在当时北方辽、金的园林，如辽南京、金中都（即今北京）的琼林苑、琼华岛（今北京北海公园琼华岛）等，皆极有名。

元代大都（今北京）规模宏大，御苑在隆福宫之东，即今北海、中南海位置。

元代山水画家倪云林，对于名山胜景游历颇多，他所设计的园林如苏州狮子林即著名者。

明、清两代园林，保存实物很多，其规模、面貌与设计构思、营造技术，均可从实物中研究分析。帝王宫苑，首推北京，如故宫中的御花园、乾隆花园、慈宁宫花园，西苑（今北海、中南海），颐和园，以及被英法侵略军所毁之圆明、长春、绮春三园，等等。热河离宫避暑山庄，设计营造别具匠心，与北京诸园相媲美。

北京王公府第以及私家花园亦复不少。

明、清两代江南园林，蔚然兴起，其设计精湛，布局奥妙，造诣颇深，今日苏州所存拙政园、留园以及创自宋、元而经明、清修整之沧浪亭、狮子林等，都是园林艺术的杰作。据《苏州府志》所载园林明代有二百七十一个，清代一百三十六个。其他如无锡、杭州、南京园林之多，不可胜举。

在一般城市宅第、乡村民居、寺观别院中，为了适合需要，往往在宅后房前开辟小型的庭院，凿池叠山，培花植树，甚至育兽养禽，布置花园，就中常有杰出作品，亦是造园艺术的重要部分。

现存园林

有许多保存至今的园林，都是过去数百年或千余年来，历代相继营建的成果，它们不但美化了祖国的城市、山河，而且体现了我们固有的文化成就。兹举数例于后，以供参考。

第一节 北京北海公园（西苑）

在北京城内中心偏西北，有一处建筑精美的园林，即今北海、中南海。自辽、金以来，历元、明、清各代相继经营，已有八九百年之久。此地原来为帝王的禁苑，因此在建筑规模、各种设施上都是相当考究的。

北海的面积共一千零七十一亩，水的面积占五百八十三亩。全园布局可分作琼华岛与沿海两大部分。琼华岛是全园的中心，建筑精美，布置相宜，自山脚至白塔顶高约六十七米。登上白塔前琉璃阁往东一望，只见一片黄色瓦顶，金光夺目，所谓“帝城宫阙一目收”，从钟楼、鼓楼、景山、故宫一直可望到前门的箭楼。往南一望，只见中南海与北海相接，金鳌玉蝀桥横跨，碧波荡漾，团城隐踞在浓阴深处。从白塔北面远望五龙亭浮游水面，大西天、阐福寺、静心斋及画舫斋、濠濮间等建筑或紧接毗连，或相互独立，围绕在北海的北岸、东岸。画舫游艇如穿梭一般交织在水面，真如图画一般。正如明代韩雍游西苑所描写，“都城万雉烟火……近而太液晴波，天光云影，上下流动……皆一望无际，诚天下之奇观也”。

琼华岛本身的布置，南面为一组佛寺（永安寺），殿宇、亭阁高低错落，屋顶均用镶边琉璃瓦顶，色彩鲜明，有明显的中轴线，一望而知是一组较庄严的建筑物。东面建筑较少，只在对着东桥的山脚建半月城、智珠殿及慧日亭等几处建筑而已。旧日花木茂密，每当春日，枝头抽新，所称燕京八景之一的“琼岛春阴”即指此地。西面循庆霄楼而下为较陡的山崖，沿山崖建揖山亭、悦心殿、甘露殿、琳光殿、阅古楼等建筑，高低上下。乾隆《塔山四面记》说：“室之有高下，犹山之有曲折，水之有波澜。故水无波澜不致清，山无曲折不致灵，室无高下不致情。然室不能自为高下，故因山以构室者，其趣恒佳。”琼华岛之北，比以上三面更富园林意味，如仙人承露盘的台子、假山洞，

57 清张若澄绘《燕山八景图》之《琼岛春阴》

57

特别是看画廊附近，游廊曲折爬上，别具风味，应是赏景佳处。山脚长廊六十间，并建漪澜堂、道宁斋等，环湖周匝。自北海北岸视之，围廊塔山，倒影水中，再借来景山诸亭衬托，景色更觉丰富。

北海除琼华岛之外，沿岸建筑，也都各有特点，是曾经深加思索过的。兹举两处略加介绍。

濠濮间：在北海东岸一长条土山的北部，在山的高处沿云岫厂与崇椒室长廊曲折北下，四周由假山土坡围成一片幽静的天地，当中弯曲的石桥横跨小池之上，桥头建水榭，名濠濮间，环境幽静可爱。此地创建于明嘉靖十三年（1534

年），名“修禊”，取王羲之兰亭修禊之意。

镜清斋：在北海北岸东侧，现叫静心斋，建成于清代，后屡加修理，现存建筑物大都保有原貌。镜清斋在北海公园中具有特有的风格，它的布局自成一个单元，好像一个小的单独花园。入大门之后是一个池沼，池的东边有抱素书屋、韵琴斋，西面有山池水桥、画峰室，池的北面为堆叠玲珑的假山，假山上有沁泉廊、枕峦亭等，沁泉廊东有石桥，桥北绕池由石梯上山，曲折迂回，参差变化。若以布局论，镜清斋在北京许多园林中要算优秀者之一。

第二节
颐和园

颐和园在自然地形上有着较好的条件，北面是一座高约六十米的万寿山，南面是面积广阔的昆明湖，全园面积共约五千亩，水面约占四分之三，陆地只占四分之一，依山临水建筑高阁崇台、长廊亭榭，又在湖中筑长堤岛屿点缀。

由于此地自然条件优美，远在八百年前的金代，即曾在此建立行宫。万寿山自金、元以来曾有金山、瓮山等名称，昆明湖曾称金水、瓮山泊、大湖泊、金海等，明代曾在瓮山建圆静寺。1750年，清乾隆帝就圆静寺址建大报恩延寿寺以为其母祝寿，将瓮山改名万寿山，并将金海大加疏浚，改名为昆明湖，全园名为清漪园，由是今日颐和园的面目大部形成。1860年帝国主义侵略军英法联军入侵，此园遭到焚毁。1888年慈禧太后挪用海军军费银修复，改名颐和园，以为消夏之所，全部规模保存至今。

颐和园的布局，继承了我国传统的园林布局方法，利用自然曲折变化，而主体建筑如智慧海、佛香阁、排云殿等则宾主分明，主题突出，显示了雄伟的气魄。园中还效法江南诸处园林的长处，如谐趣园乃仿无锡寄畅园，玲珑秀丽；在昆明湖的西岸仿杭州西湖苏堤之意，建筑了西堤六桥；在后山并仿苏州街市之景，建筑了苏州街，商店市井，莫不俱备，但苏州街已为侵略军焚毁，未曾修复（编者注：现已修复）。除了园内布置之外，设计者还把周围的环境也考虑在内，颐和园西面的玉泉山、西山诸峰，也被借入园景中。从东岸望去，只见长堤翠柳，后面隐隐现出玉泉山的宝塔和西山起伏的峰峦。

颐和园的布局，大体可分作东宫门和东山、前山、后山、昆明湖几部分。

东宫门和东山：颐和园有两个主要的门，即东宫门与北宫门，而东宫门是主门，因此在门内附近分布着许多重要建筑物。一进东宫门，即是一组较大的建筑——仁寿门、仁寿殿。仁寿殿是清代帝后听政的地方，殿前陈列着雕刻精美的铜龙、铜仙鹤，院中的山石都很美丽。绕过仁寿殿南即面临昆明湖，这里使人胸襟顿开，只见万寿山雄峙北岸，昆

58 谐趣园俯视

58

明湖碧波连天，连西山景色也都一概映入眼帘，可说是颐和园的第一壮观处。殿北的德和园、颐乐殿是从前帝后群臣观剧之处，戏楼高大。自德和园往北为景福阁、益寿堂、乐农轩，由此下山而东，因地形布置了一个精美的小园“谐趣园”。此园以一个池子为中心，四周环绕着涵远堂、湛清轩、知春堂、瞩新楼等，小桥亭榭，游廊曲槛，曲折相连，自成格局。至此如入另一园中，好似园中有园。在仁寿殿之后临水建筑了乐寿堂、宜芸馆、藕香榭、夕佳楼等，栏杆、墙壁倒映水中，景色更觉美丽。

前山：颐和园前山为全园的中心，正中是一组巨大的建筑群，自山顶的智慧海往下为佛香阁、德辉殿、排云殿、排云门、云辉玉宇坊，直至湖面，构成一条明显的中轴线。

在这组中轴线建筑的两端，建筑了许多衬托的建筑物，

59 雪后佛香阁

59

东边以转轮藏为中心，西边以宝云阁（即铜亭）为中心，顺山势而下，相宜布置，并有许多假山隧洞，上下穿行，人行其中，别觉清凉有味。当人们登上佛香阁的时候，回首下望，可见一片金黄色的琉璃瓦殿宇；昆明湖中一望无垠，波光云影，上下流动；南湖中十七孔桥横卧波心，西堤六桥伏压水面，远望西山如黛；晴天时就连北京城内的白塔、天宁寺塔、八里庄慈寿寺塔以及许多新建筑都齐集眼底，构成一幅宏阔的图画，此乃颐和园又一壮观。前山的东西两面，依山势上下，布置着许多建筑物，东边有重翠亭、千峰彩翠、意迟云在、无尽意轩、写秋轩、含新亭、养云轩等，西边有邵窝殿、云松巢、山色湖光共一楼、湖山真意、画中游、听鹂馆、延清赏楼、小有天亭、清晏舫、澄怀阁、迎旭

60 颐和园须弥灵境（视觉中国）

楼等，莫不各据地势，彼此争辉。最为壮丽的是环湖一抹二百七十三间的长廊，依山带水，好似万寿山的一串项链。

后山：如果说颐和园前山是以气魄雄大取胜的话，那么后山则与之恰好形成一个强烈的对比，即是以曲折幽静取胜。山路盘旋在山腰，两旁古松丫槎，有如古画。山脚是一条曲折的苏州河，时而山穷水尽，忽又柳暗花明，真有江南风味的感觉。在后山的正中原来为一组仿西藏式的庙宇建筑，叫“须弥灵境”，惜大部为帝国主义侵略军所毁。后山的东部大部为山林树木，山腰花承阁中的琉璃宝塔，突兀半山，山下即是苏州河。自清琴峡往西至北宫门一带均是土山树木，行走其间，有如江南乡村景色。自北宫门起而西，沿河原来建有买卖街、苏州街等沿河建筑，当年帝王来游时，曾由宫监扮演买卖店家，临河叫卖，一如苏州临河市集。此外尚有清可轩、赅春园、留云、绘芳堂、停霭、绮望轩、贝阙等点缀山间，互相呼应。

昆明湖：颐和园的北部万寿山布满了壮丽、幽静的建筑物，给人以富丽堂皇或幽静之感。园的南部则一片汪洋，满目清新，湖中有几处岛屿点缀其间，又以长堤、石桥加以联系。西堤六桥是仿照西湖苏堤手法，垂杨拂水，碧柳含烟，当人们沿着堤上漫步时，胸襟颇觉松畅。在堤之西南，有南湖岛、藻鉴堂、治镜阁等岛屿，据说是仿古代造园“海中三神山”（蓬莱、方丈、瀛洲）的传统来布置的。在西堤两端还有两座桥很美丽，即北头入水口的玉带桥和南头出水口的绣

61 铜牛望十七孔桥（选自《北大馆藏西文珍本中的老北京图像》）

61

漪桥，桥面陡立，看去十分雄壮，俗称罗锅桥。洁白的高桥，映衬着碧柳垂杨，分外鲜艳。在湖的近东岸湖心，还有一组建筑叫龙王庙，上有月波楼、鉴远堂、涵虚堂等。涵虚堂的前身望蟾阁据说是仿黄鹤楼建造的。龙王庙的东面有一座十七孔长桥通往岸上，岸上有铜牛，守望湖心，与长桥、岛屿共同构成了一幅美丽的画面，是南湖中的一处壮观景色。

第三节

苏州园林

“苏州园林甲江南”，人们用这样的词句来描述苏州园林的美丽，是不无道理的。苏州远在春秋时期即是政治、经济、文化发达的地区，河道交错，湖泊很多，山石便利，花木繁茂，给兴建园林提供了有利的条件。史籍记载苏州园林有数百处之多，今日保存的尚不少于数十处，其中如沧浪亭、狮子林、拙政园、留园、怡园、西园等，皆已整理开放。

苏州园林的特点是顺应自然，布局灵活，变化有致。有的园子虽然面积不大，但给人的印象并不是狭小的感觉。水池山石，曲槛回廊，以及一花一木的安排，都费过心思，因此处处使人感到有味。除了总体布局之外，在个别布置上也有特殊处理手法。其一是窗子。在苏州园林中，窗子是最让我感兴趣的。游廊上许多种不同花纹的漏窗，使墙壁显得玲珑轻巧。通过漏窗欣赏里面或外面的景色，好像一幅一幅活动的图画。沧浪亭的漏窗尤其好看。厅堂亭馆中有一种“景窗”，这种窗子只有不同形式的框子或花框，中间是空的，在窗子后面布置山石、竹子、芭蕉、花木，这些活景恰好在框子之内，实际就是一幅活生生的画。还有一种大的空框窗，可以从这种空窗中看到重重的门户景致，使人感到深远清亮。其二是游廊。苏州许多园林中，游廊是很重要的一个因素，它不仅起了联系的作用，而且晴天可以遮阴，雨时

62 苏州拙政园，站在倒影楼前向南眺望，左侧为贴水游廊，尽头为山巅宜两亭（刘珊珊摄）

62

得以避雨，有很大的实际用途。大部分的游廊是一面临空，一面为白粉墙，临空的一面可以眺望宽阔的景色，在白粉墙上开有各种花纹的漏窗，乍看宛如画廊。还有一种爬山游廊，贴在园墙半腰（如狮子林），墙上嵌碑帖铭刻，使人在游廊中行走，不知不觉已至墙下。其三是白粉墙。苏州园林中，雪白的粉墙、轻巧的青瓦屋顶，或隐现于绿树之中，或倒映于池沼里面，或夹峙于假山之间，使人感到格外清爽凉澈。粉墙上有的开设漏窗，有的辟作园门，有的墙头如微波

63网师园鸟瞰（选自刘敦桢《苏州古典园林》）

63

伏卷，状若行云，在墙隅或墙下，叠山石数块、翠竹几枝，显得分外幽丽。此种白粉墙在苏州园林中占了很大的分量，也收到了很好的效果，其好处我认为主要有以下两点：南方树木多，绿色多，要求对比强，用白色最相宜；南方天气较热，白色反射日光，不吸收热，因此感到凉爽。

中国帝王苑囿概说

我国古典园林，按照所在地点、用途和功能以及造园艺术的特色，大约可分为皇家王府园，宅第园（私家园），坛庙、祠馆园，书院、书楼、书屋园，寺观园，陵墓园，水口园，山水胜景园，等等。其中尤以皇家王府园即帝王苑囿为奢，是我国古典园林中极为重要的组成部分。

帝王园林，是我国历史文献上记载历史最为悠久，规模最为宏大，造园技术、艺术都最为高级的园林。其原因是自部落首领开始，特别是到了奴隶社会、封建社会时期，奴隶主和封建帝王以他们的至高权力，集中了大量的财富，获取最好的造园材料，役使大量高水平的造园技术与艺术人才为之服役，因而历代帝王宫苑、王府园林莫不表现了当时造园艺术的辉煌成就。然而，战火的硝烟、政治的变革和各种天灾人祸，特别是王朝更替的斗争，使众多的宫中御园、离宫别苑、王府园林化成废墟。如覆压三百余里、隔离天日、长桥卧波、复道行空的阿房宫，就“楚人一炬，可怜焦土”了。万园之园的圆明园，在英法联军的野蛮入侵破坏之下，被放火焚毁，顷刻之间化为乌有。所幸现在还保存下来不少晚期皇家、王府园林的遗址、遗迹，仍可看出我国皇家、王府园林造园艺术的伟大成就。

查“园林”之名，虽已广泛使用，但在帝王园囿上使用较少。在历史文献上，曾有“圃”“囿”“苑”“园”“苑囿”“园囿”“园池”“园林”等名称。这里将其做一简单介绍。

圃：是早期见于历史文献的名称。《说文解字》《辞源》《辞海》等书中均称之为种植蔬菜、花果或苗木的绿地。《辞海》上说，周围常无垣篱，而《说文解字》《辞源》上则称“从囗”“筑场圃”等，似可有垣篱。《周礼 · 天官》上“园圃，毓草木”，郑玄注：“树果蓏曰圃，园其樊也。”可知，圃有垣篱。孔子对子路说：在种植花果蔬菜上“吾不如老圃”。总的来说，圃的用途主要是保存和种植蔬菜、花果、苗木的园地。

囿：是早期见于历史文献的名称。《说文解字》上说：“苑有垣也，从囗有声，一曰禽兽曰囿。”《辞海》《辞源》上均说：“古代帝王畜养禽兽的园林。”又说“囿，有韭囿也”“囿有见杏”，又是菜园、果园。可见，囿既饲养禽兽，又有种植蔬菜、果木的功能，而从文献记载上看，它还是以饲养动物为主。

园：《说文解字》上说："园，所以树果也，从囗。"《辞海》《辞源》上均称之为"四周常围有垣篱，种植树木、花卉或蔬菜等植物和饲养、展出动物的绿地"，这正是目前我们称之为"园林"的含义。

苑：《说文解字》上说："苑，所以养禽兽也，从艹。"《辞源》上说是古代养禽兽的园林。《辞海》上说："畜养禽兽并种植林木的地方，多为帝王及贵族游玩和打猎的风景园林，如：上林苑。"《辞源》上列有"苑囿"的词条，并引《吕氏春秋·重己》说："昔先圣王之为苑囿园池也，足以观望劳形而已矣。"注："畜禽兽所，大曰苑，小曰囿。"《汉书·高帝纪》："故秦苑囿园池，令民得田之。"注："养鸟兽曰苑，苑有垣曰囿，所以种植谓之园。"

其他的"园囿""园池""园林""庭园"等，因其范围大小、内容多少以及不同性质等原因，或帝王或私家或祠馆园林分别以名之。而苑囿则在古代帝王园林中多称之，如秦汉之上林苑、隋之西苑、唐之神都苑、明清之西苑（今北京北海、中南海）均以苑名。囿在历代帝王宫苑中多以为名，或与苑、园相结合为名。

中南海

中南海位于北京西长安街北侧，北海之南，是中海和南海的统称。明代以前曾称为太液池、西海子和西苑。中南海始建于辽代，金、元、明、清各代均不断扩建，数百年来一直是皇家园林，目前建筑绝大部分为清代遗构。南海与中海以蜈蚣桥为界，中海与北海以金鳌玉蛛桥为界。

南海主要建筑有宝月楼、瀛台、怀仁堂、海晏堂等。宝月楼现为中南海南门，重楼重檐，面阔七间，为乾隆年间所建，现称新华门。瀛台为半岛，三面临水，居南海之中，其建筑群雕梁画栋，布局紧凑合理，如海上蓬莱，故名瀛台。这里为帝王处理朝政的场所，也曾是戊戌变法失败后，囚禁光绪皇帝的地方，主要建筑有勤政殿、翔鸾阁、涵元殿、蓬莱阁等。

居中海、南海之间的陆地建筑，有紫光阁、蕉园、万善殿、水云榭等。紫光阁居中海西北岸，为清王朝追念先杰之地，也是设功臣宴之地。蕉园居中海东北岸，内有万善殿、水云榭等建筑，其中水云榭建于碧水之上，内有乾隆所书“太液秋风”御碑，是著名的燕京八景之一。

北海、中海、南海碧水相连，均为京城中著名的皇家园林，并延续经历多代，是前人留给我们的珍贵文化遗产。

玉泉山

玉泉山在万寿山西边五里，是西山的一条小支脉，因山间有清澈甘洌的泉水而得名。早在辽代，玉泉山上就建起了北京西北郊最早的皇家园林——玉泉山行宫。金代又在山顶修建了一座芙蓉殿作为金章宗的行宫。元代忽必烈在山上建昭化寺。明英宗又在山上修建了上、下华严寺。清康熙十九年（1680年）将玉泉山原有的行宫、寺庙翻修一新，命名为澄心园，1692年更名为静明园。乾隆年间又加以扩建，并确定了十六景，都以四字命名。

玉峰塔位于玉泉山山顶，塔身七级，沿着石磴盘旋而上，可以直达塔顶。各层洞龛内供铜佛。塔后山峰上还有妙高台。华严寺原有上、下两座，清代时仅有上华严寺，内设佛殿三间，供三尊坐像全身佛。寺下方有个资生洞，内有佛像一尊，壁间嵌有《心经》。华严洞也有上、下两个。上华严洞内有白石佛龛，内供石刻观音像，四周洞壁及顶部遍刻佛像，有数千之多，故名千佛洞。下华严洞包括伏魔洞、水月洞、罗汉洞，伏魔洞内曾供关公像，水月洞内供一尊佛

64 玉峰塔（手绘）

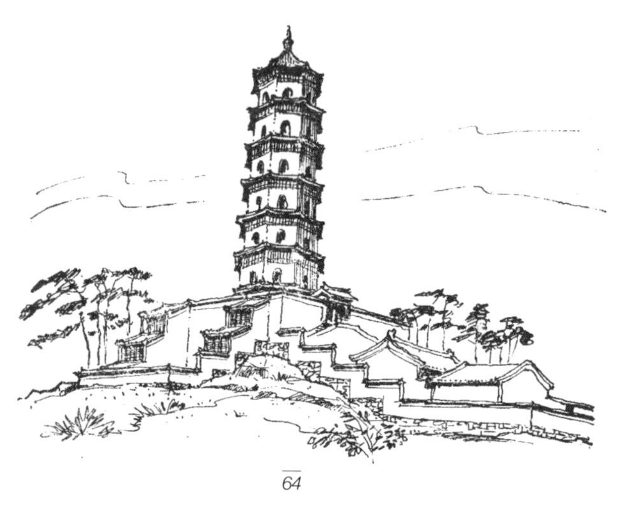

64

像，罗汉洞门左右各有一尊高大神像，面目狰狞可怕。

在玉泉山西山坡上，有一组建筑，居中的是道观东岳庙，名仁育宫，共有四进院落，规模很大。乾隆皇帝去泰山东岳庙祭祀不便，就在这里建起东岳庙。在东岳庙南侧有一座小佛寺名叫圣缘寺，也有四进院落。道观与佛寺仅一墙之隔，互不相扰，是一个有趣的现象。中国人从皇帝到平民对宗教都采取了一种实用主义的态度，佛、道、儒等各大教，还有萨满教及近代从西方传来的天主教、基督教都有人信仰，甚至同时信仰几种宗教。各种宗教教义可以并行不悖，为我所用，从未因此引起矛盾冲突，更不要说宗教战争了。

玉泉山上还有龙王庙、华滋馆等建筑，山崖上有个大泉眼，泉水从石雕龙头的嘴里喷出，名叫喷雪泉，燕京八景之一的“玉泉垂虹”就是指这个景点。崖上还有一块石碑，正面刻有“天下第一泉”，背面刻有“玉泉趵突”，都是乾隆手书。当年清宫的饮用水都是用水车灌上玉泉山的泉水运进城里去的。玉泉山东门有个裂帛湖，湖水流动发出“嘶嘶”的裂帛之声，因此得名。山间林木繁茂，景色幽静雅致。

杭州西湖孤山行宫

东南形胜，三吴都会，钱塘自古繁华，重湖叠巘、三秋桂子、十里荷花的秀丽湖山，为山水园林的兴建提供了十分优越的条件。杭州自五代、南宋作为帝王之都以来，宫殿苑囿争相竞丽，特别是南宋王朝在临安的一百五十年间，帝王苑囿遍布西湖四周，造园艺术达到了很高的水平，可惜遗物已经难寻。现在有遗址可考尚且有地面遗物可寻者，首推康熙、乾隆时之孤山行宫，其中乾隆行宫之花园文澜阁及其后山花园，不仅遗址遗物尚存，而且具有很高的园林艺术价值。

行宫位于西湖孤山之正中，原为南宋时期的帝王苑囿，并建有西太乙宫和四圣延祥观等建筑。元人灭宋之后，全遭破坏，一无所存。明代也未曾加以兴建。到清康熙时始在此建立了行宫；但为时不久，到雍正时，效古时舍宫为寺习例，将行宫改为了圣因寺，其旁的御苑也同时改成了寺院的园林。到乾隆十六年（1751年）在此又修建了行宫和御苑，其后于乾隆四十七年（1782年）又将原康熙行宫圣因寺之藏经堂改建成为贮存《四库全书》之文澜阁，重新修缮布置了假山、亭、廊、水池等园林建筑，遂使此处成了一处精美的帝王宫苑。

乾隆中期翟晴江《湖山便览》一书对行宫做了专门记载："乾隆十六年，皇上法祖勤民，亲奉皇太后銮舆，巡幸江浙，驻跸西湖。恭建行宫于圣因寺西，适当孤山正中，面临明圣湖，群山拱卫，规制天成。御题正殿额曰'明湖福地'，进垂花门殿额曰'月波云岫'。后为园，自园径拾级而登……有亭巍然，湖光山色，环绕辉映，御题曰'四照亭'。亭下修竹万竿，清阴茂密，御题曰'竹凉处'。循曲径而西，乔柯奇石，目不给赏……南为步廊，接崇楼，楼俯全湖，晴波绮縠，摇荡几牖，御题曰'瞰碧楼'。楼下文石为台，面临曲沼，有泉出崖石间，演清漾碧，上挹天光，御题曰'贮月泉'……其上恭建御碑亭，敬摹宸章，云汉昭回，焕耀天宇。数千年明圣之符，实征于今日云。"他还全文记录了沈德潜恭和御制西湖行宫八景诗的原文，详细描绘了行宫的景色。

整座行宫与御花园、文澜阁均于咸丰十年（1860年）被太平军毁，现在除文澜阁于光绪六年（1880年）按照原状重建外，其余行宫建筑和御花园，已几经重建，不复旧观了。但其建筑基址和御苑规模还可寻，而文澜阁之假山、水池、亭廊尚基本保存旧貌，艺术价值甚高，极其难得。

行宫和御苑的位置，约为今浙江省博物馆和所属文澜

65『西湖天下景』亭

65

阁藏书楼及中山公园的位置。康熙行宫和雍正五年（1727年）改成之圣因寺，历史文献记载和遗址均不甚清楚。而乾隆时期的行宫御苑情况，乾隆乙酉（1765年）翟晴江《湖山便览》记录甚详，与现存遗址遗物对照还依稀可辨。

行宫的主体建筑，即今中山公园的位置。大门临湖，现有的公园大门已非原来所存乾隆御题“明湖福地”之原物，但门前石狮尚属旧物。入门之后，已成一片空阔广场，广场之内，石砌殿宇、廊庑台基石阶重重相接，遗址依稀可辨。通过广场中的殿路遗址，迎面石壁屏立，上写“孤山”二字。自此沿石级上登，即可达山间旧时行宫御苑。山间历代帝王苑囿遗迹、残件甚多，础石、基台大多为清代之物。在文澜阁墙后，有水池、曲桥，岸边建有亭，名为“西湖天下景”，亭为后代重修多次，但环境极为优美，其地为南宋时御苑之一角，清代康乾行宫之后苑。亭前临曲池，背倚峭崖，悬葛垂萝，幽雅宜人。

文澜阁是当年乾隆来此读书赏景游乐之处、行宫的重要部分，本来就是一处精美的御苑。乾隆四十七年（1782年）为收藏《四库全书》，就前圣因寺之藏经阁旧址，仿宁波天一阁之式修建。据民初胡寄凡《西湖新志》记载："（阁）在孤山之阳。清高宗命儒臣编辑《四库全书》，建文渊、文溯、文源、文津四阁，藏庋群籍。复念江浙为人文渊薮，宜广布以光文治，命再缮三份，赐江南者二，浙江者一。浙江即以旧藏《图书集成》之藏经阁，改建文澜阁（按：诸多记载所称圣因寺藏经阁，乾隆建行宫时早已改为藏书阁了），并仿文渊阁藏贮。阁在孤山之阳，地势高敞，揽西湖全胜。"

文澜阁是以藏书阅览功能为主的御花园，其布局以楼阁、水池、假山为中心，四周环绕着回廊、亭榭、小桥、山石、花木。前为垂花门，门内为大厅，厅后有湖石假山如屏，转过或从山洞中曲折经行，来到豁然开朗的大池。池中有一玲珑耸立的太湖石，名为仙人峰，形态雄奇峻秀。池周花木繁茂，古木森森。池的东岸，有乾隆御碑亭，其旁小桥、石路、溪涧、林木组合有致。文澜阁位于大池正中北岸，是一座面宽六间、重檐硬山式房顶的楼阁建筑。阁外观为两层，内设夹层，实际是三层的楼阁。不幸的是，这一建筑精丽、环境优美、保存了大量珍贵文物图书的帝王藏书楼宫苑，1861年遭兵火，所藏图书文物也散失许多，部分图书暂存于杭州尊经阁。直到光绪六年（1880年），浙江巡抚谭钟麟、布政使德馨饬、郡人邹在寅在旧址按原状重建此阁。阁的大小形状仍然依旧，并临湖建坊，新建了御碑亭和太乙分青室。现在在阁东夹巷内的御碑亭内还竖立了光绪皇帝御题“文澜阁”三字的碑石。阁内原藏《四库全书》，经过丁氏兄弟和后人的不断收集和补抄，现已基本上恢复了原来的面貌。全部图书已妥善保存在浙江省图书馆。文澜阁和水池、假山、亭榭等已作为浙江省博物馆的一部分向公众开放。

故宫

66 从景山眺望故宫（黄晓供图）

北京是一座千年古都，从金代起的八百多年里，建造了许多宏伟壮丽的宫殿建筑，使北京成为我国拥有帝王宫殿、园林、坛庙数量最多、内容最为丰富的城市，这一点可以从北京城的建设布局方面体现出来。每一个初到北京的人，对这里宽敞笔直的大马路都会有一种强烈的感觉，而当你从高空俯瞰北京城时，你才能真正体会到什么是雍容皇城。

在北京众多古代优秀建筑中，最具代表性的建筑群是故宫。这里原为明、清两代皇宫，住过二十四位皇帝，建筑宏伟壮观、雍容华贵，完美地体现了中国的古典风格和东方格调，是我国乃至全世界现存最大的宫殿，是中华民族宝贵的文化遗产。

故宫，又名紫禁城，位于北京市中心，东西宽七百五十三米，南北长九百六十一米，面积达七十二万平方米，共有宫殿房舍近万间，民间传说有九千九百九十九间半，只比天帝的琼楼玉宇少半间。故宫外围有一条宽五十二米、深六米的护城河（也称筒子河），对这条河在老北京民间还流传着“后门有桥不见洞，前门有洞没有桥，东西两桥更蹊跷，有桥有洞没桥栏”的俗语。河内是周长三千米、高达十米的城墙，城墙四周都有门，南有午门，北有神武门，东有东华门，西有西华门。其中最讲究的是午门，它是北京城门中等级最高、文化含量最厚重的城门。

故宫大体上可以分成两部分：南为工作区，即外朝；北为生活区，即内廷。

外朝是皇帝处理政事的地方，主要有三大殿：太和殿、中和殿、保和殿。其中以太和殿最为高大辉煌。内廷包括乾清、交泰、坤宁三宫以及东西两侧的东六宫和西六宫，这是皇帝及嫔妃居住的地方，俗称“三宫六院”。在居住区以北还有一个小巧别致的御花园，是皇室人员游玩之所。

进入午门，是第一个广场，前有弯曲的内金水河（又名玉带河）。河上有五座大理石砌成的桥，中间一座只有皇帝能通过，文武官员及皇室成员走左右两侧，不能乱走。再往前，便是太和门。门前，两尊青铜浇铸的狮子，右为雄狮，爪下有一铜球，象征权力；左为雌狮，爪下躺着一小狮，表示亲昵、母爱。狮头上的鬃卷，十三卷为至尊，为皇宫专用。太和门是前三大殿的前门。地上金砖墁地，天花板描龙彩绘。地墁“敲之有声，断之无孔”，黑而发亮，光可照人。

过太和门，正前方是太和殿。太和殿是国内木质大殿之冠。这座大殿在民间又称“金銮宝殿”。殿为重檐庑殿顶，为殿宇中最高级别。太和殿广场占地三万平方米，整个广场无一草一木，空旷宁静，给人以森严肃穆的感觉。广场正中为一条笔直的御道，为皇帝专用。“太和”语出《周易》，意为“阴阳会合，冲和之气也”，“混同宇内，以致太和”（曹植语），即指宇宙万物和谐圆满。

太和殿坐落的工字形须弥座的台基，分上、中、下三层，称为丹墀或丹陛。雕栏望柱，那些伸出的为螭首，口中小孔为出水孔，共有螭首一千一百四十二个，如遇雨天，可

67

见千龙吐水之奇观。

台基上每层放置的大铜炉共计十八个，每当大典，铜炉中燃烧檀香，香烟缥缈，云腾雾绕。太和殿台基上面的大平台，放置铜龟、铜鹤各一对，象征“龟鹤千秋”，意为长寿。东有日晷，西有嘉量，象征皇权公正平允。这里是举行大典奏九韶之乐的地方，太和殿的正中安置皇帝的宝座，是封建皇权的象征。

第二个大殿为中和殿。“中和”语出《礼记·中庸》，指不偏不倚，凡事做到恰如其分。殿为方形攒尖顶，在三大殿中居中，也最小，是皇帝去太和殿参加大典前休息的地方。

保和殿，其意为“志不外驰，恬神守志”，就是说神志得专一，以保持宇内的和谐，才能福寿安乐、天下太平。明代册立皇后、太子时，皇帝在此殿受贺。清代时每年初一和十五在此宴请王公大臣，场面十分壮观。这个殿最有名的事迹是举行殿试，皇帝亲自监考、主考，是科举考试的最高层次。

保和殿后是故宫中最大的一块石雕——云龙石雕，这块艾叶青石长16.57米，宽3.07米，厚1.7米，总重量200多吨。上雕游龙，双龙戏珠，游于云雾之中。

从这里起进乾清门，便可进入后三宫。这里的布局和前三大殿大体相同，只是规模小些，是皇宫中的生活区。

乾清宫除是皇帝的寝宫和处理日常政务的场所外，还可举行元旦、灯节、端午、中秋、冬至、万寿等节的家宴。殿内宝座上方有一块匾，上书“正大光明”四个漂亮的正楷字，其意为公正、光明磊落。这块匾很有名气，与秘密立储传位关系密切，故事很多。

交泰殿是皇后每逢大典及生日受贺的地方。每年春季还在此查阅采桑用具，准备祭祀先蚕。

坤宁宫是皇后的寝宫，后改为祭祀之所。殿东有暖阁两间，为皇帝大婚之所，阁内设有龙凤喜床，按清制，帝后婚后只能在喜床上住两夜，第三天皇帝回养心殿，皇后回体顺堂。

西六宫与东六宫格局大体一致，其中最为重要的是养心殿，在各殿中排太和殿之后，占第二位。这里在清代康熙朝前皆为皇帝寝殿，雍正朝以后，这里既是寝宫，又是处理政务、召见大臣的地方。此殿东暖阁立单人座椅在前，是小皇帝的宝座，后排长生椅为慈禧和慈安垂帘听政时所坐。

在紫禁城中轴线三大殿的两旁，西边尚有武英殿、慈宁宫、建福宫，东边还有文华殿、文渊阁、宁寿宫、乾隆花园。文华殿、文渊阁是皇帝与群臣讲经习文、编书藏书的文坛重地，《四库全书》的第一部就藏在这里，大学士和珅与刘墉的许多故事大都发生在这里。

现在的故宫博物院是我国历史悠久、规模最大、收藏珍贵文物最多的博物馆，与法国罗浮宫、英国大英博物馆、美国大都会博物馆等同为世界著名的大博物馆。

这些古老的建筑，共同组成了紫禁城的宫殿建筑群。

故宫规模宏伟，布局严整，建筑精美，富丽华贵的建筑群，收藏着许多稀世珍宝，是我国古代建筑文化、艺术的精华。

御花园

御花园，原名宫后苑，在北京故宫内坤宁宫北。这是一座以建筑为主体的“宫廷式花园”。布局按宫殿主次相辅、左右对称的格局安排，山石、树木仅为陪衬建筑和庭院的景物。它以布局紧凑、建筑富丽取胜，在庄严整齐之中力求变化，富有浓厚的宫廷气氛。

花园正中有坤宁门和园内相通。东南、西南两隅设门，分称“琼苑东门”“琼苑西门”，可通东、西六宫。北有顺贞门（原名坤宁门），是宫墙北并列的三座琉璃门，门外为神武门。园东西宽一百四十米，南北长八十米，占地约一万一千七百平方米，为宫城总面积的1.7%左右。

园景大体分为三路，坐落全园中心的是钦安殿，内供道家称为镇火的玄武神。殿的周围圈以矮墙，反衬出殿堂的巍峨高大。左右两侧还有几座亭台楼阁，前后映衬。在钦安殿东侧后方巍然矗立的是堆秀山，系利用多种形状的太湖石堆叠而成，原为观花殿旧址，于明万历年间（1573—1620

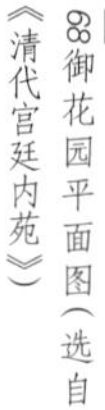

68 御花园平面图（选自《清代宫廷内苑》）

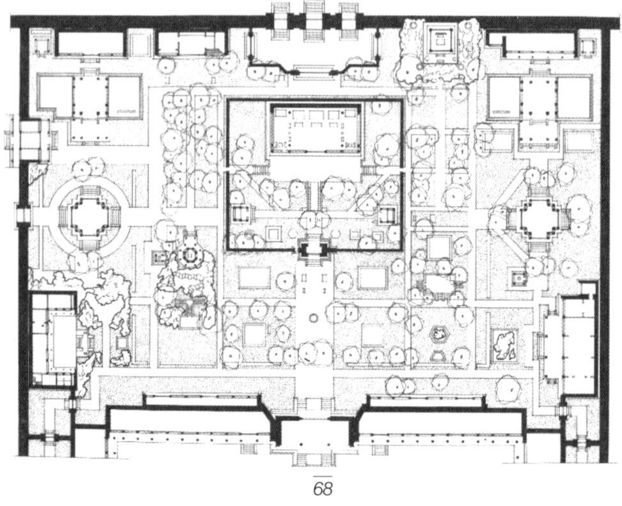

68

年）才改堆成山，上筑御景亭，每年重阳节，皇帝率领后妃们来此登高赏秋，并在此眺望紫禁城宫城和御花园的景色。左右有磴道，供上下山之用。山下有岩洞，可穿游。殿西侧后方为延晖阁，与御景亭遥相对峙。园内另一处重要建筑是绛雪轩，门窗装修一概楠木本色，显得朴素雅致，轩前砌一方形五色琉璃花池，上堆有玲珑湖石，其间种植花卉，俨然一座灿烂绚丽的大型盆景，自成一优美境地。其余摛藻堂、凝香亭、万春亭、千秋亭等，雕梁画栋，富丽堂皇，分布有致，增添庭园景色。

园中有一条一千米的石子甬路，游人来此常常忽略它。如果低头细看，就不难看出，它是由七百二十幅生动的图画和三百多步长的连续图案所组成。全部的画面，都是用各色

69 千秋亭

69

大大小小的石子和精磨的砖、细雕的瓦拼凑出来的。这些石子画的题材，主要采自《三国演义》中的故事，如“火烧赤壁”“三英战吕布”“夜战马超”“长坂坡”“甘露寺”等，尤其是“凤仪亭”一幅，把貂蝉、吕布、董卓的神态，活灵活现地表现出来。此外，还有表现风俗、花卉题材的画，也十分逼真。

“堆秀山前景物芳，更逢晴日霭烟光。负冰锦鬣游文沼，试暖文禽绕画堂。彩燕缤纷先社日，青幡摇曳引韶阳。莫嫌花事迟追赏，通闰应知春倍长。”这首当年乾隆于初春早晨游后写成的七律诗，将御花园的充满生机的初春景色，描写得多彩多姿，让人爱不释手。

▶ 71 北京故宫慈宁宫花园鸟瞰图（选自《清代宫廷内苑》）

70 御花园石子甬路《三国演义》故事

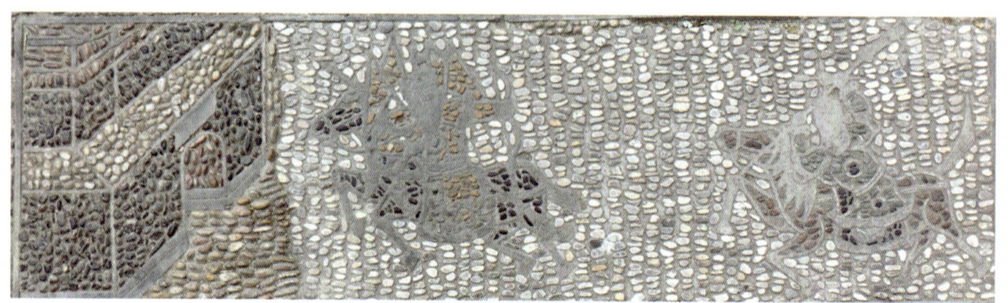

关羽黄忠战长沙

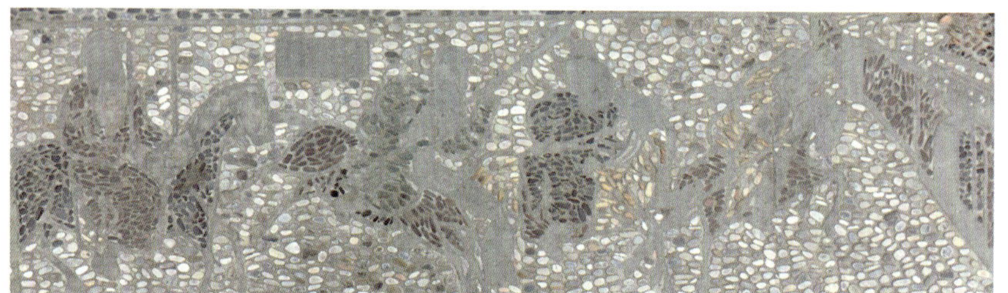

三英战吕布

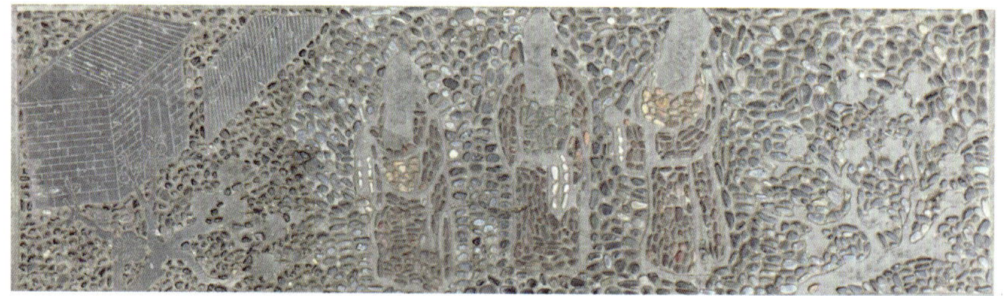

桃园结义

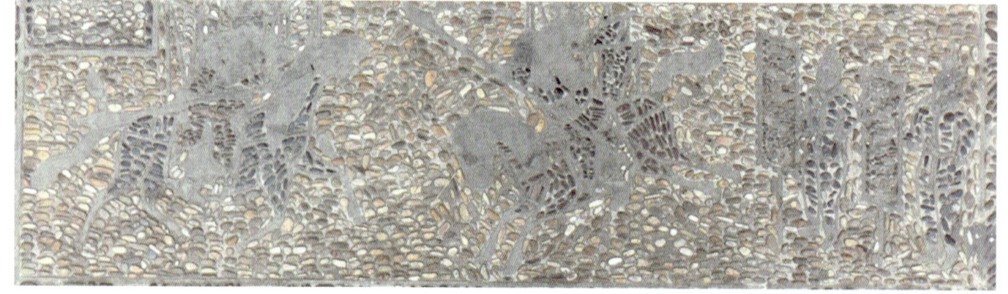

夜战马超

70

慈宁宫花园

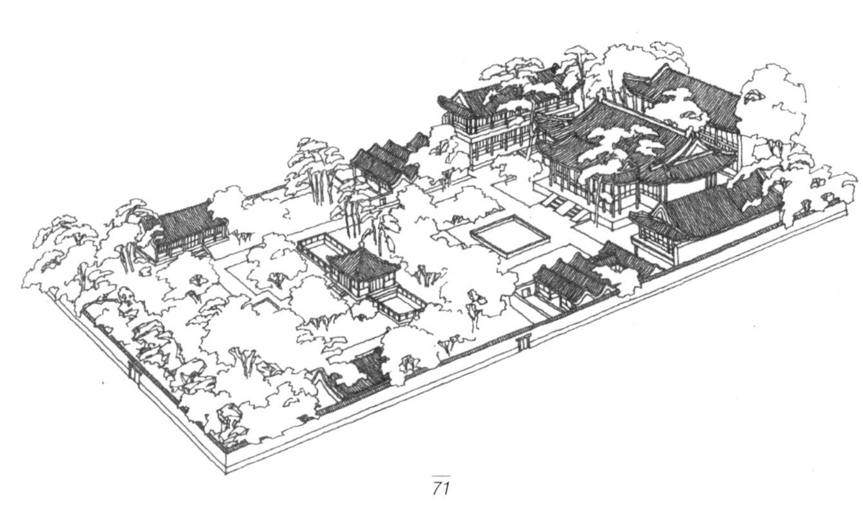

71

慈宁宫原是明代早期仁寿宫的旧址，现存建筑为乾隆三十四年（1769年）重建。花园在慈宁宫的南部，称之为南花园。

花园的布局分南北两部分。北部以咸若馆为中心，周围分布着慈荫楼、宝相楼、吉云楼和含清斋、延寿堂等建

72 慈宁宫花园临溪亭（吴伟摄）

72

筑。南部以园林气氛较重的临溪亭为中心，左右分别列井亭和东、西配房。园门开在南部，名揽胜门，门内有叠石假山一座，起到“开门见山”的障景作用。整座园林的风格左右对称，较为规整，因而采用了精巧的装修和水池、山石、花木来烘托园林的气氛。

建福宫花园（西花园）

在北京故宫现在保存的四座御花园中，建福宫花园是规模较大、年代较早、造园艺术极高、保藏原有文物珍宝最为丰富的一座。

花园位于故宫的西部，建福宫的后部，所以习称之为西花园，建福宫花园之名却少为人知了。在明末清初时期，建福宫这一区域是皇太子居住的地方，按照清代的规制，太子继位之后，其住所相继升格，他人不能居住。乾隆皇帝继位后，十分留恋此地，便将这里大加改造，于乾隆七年（1742年）将其建为建福宫花园，作为帝后们的宫内休息游乐之处。

建福宫花园占地面积约四千平方米，布局是以一个高大建筑延春阁为中心，周围分布楼、堂、馆、斋、亭、台等园林建筑，曲折环绕，高低错落，变化有致。在周围并无山水条件的情况下，巧为安排，达到了很高的造园艺术水平。西北的敬胜斋与吉云楼相连，背倚红色高大宫墙，衬托着雄

73 北京故宫建福宫花园平面图

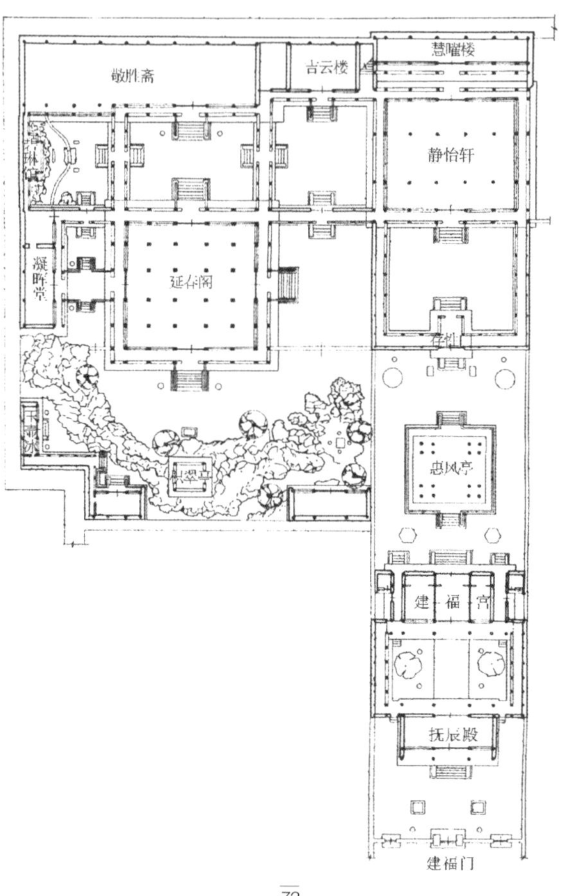

73

伟的延春高阁。两侧的碧琳馆倚墙而筑于假山之上，其前曲墙庭院，小巧玲珑，十分精丽。延春阁前面则利用一块较为空阔的平地布置了一座湖石假山，三面环抱，上下穿行，并布置了玉壶冰、积翠亭等建筑，廊屋相连，上下通达。山上山下布置了石凳、石桌、石笋等设施，假山顶上还专门安设了石桌棋盘和石凳，在此下棋和观赏宫中的建筑景色，南望雨花阁的金龙爬脊屋顶，非常壮观。

建福宫花园建成后，乾隆皇帝对他着意经营的花园十分得意，将他自己收藏的古物珍玩和各地进贡、大臣们奉献的精品珍宝都收存在这里，建福宫因此成了清宫内收藏珍宝最多的地方。乾隆皇帝去世后，继承其位的嘉庆皇帝为了防止珍宝流失，下令将这些珍宝玩物全部封存，装满了建福宫一带的许多殿堂和库房。末代皇帝溥仪在《我的前半生》一书中，关于建福宫花园写道："满屋都是堆到天花板的大箱子……这是当年乾隆最心爱的珍玩。"除此之外，一些楼阁中平时还供奉了许多金佛、金塔及各种精美的金玉法器和藏文经版，以及清代九位皇帝的画像、行乐图和名人字画、古玩文物等，连溥仪大婚时候的全部礼品也都存放在这里。究竟有多少珍宝，原来无人统计过，仅据西花园失火后逊清皇室内务府开具的一张清单上说：此次共烧毁金佛二千六百六十五尊，字画一千一百五十七件，古玩四百三十五件，古书几万册。经过火场遗址的一番清理，人们在瓦砾中捡拾出被火熔化的金银珍宝、佛像经版等，共装了五百零八个大麻袋，残伤玉器四十三箱，一些商人靠承包运焦土垃圾，又从中筛选出不少金银财宝发了大财。

这场无名大火发生在1923年6月一天夜里，一股浓烟突然从建福宫花园中升起，随即大火熊熊燃烧，整整烧了一夜，直到第二天才扑灭。这座辉煌的御苑和满藏珍宝文物的库房只剩下了不能燃烧的石砌台基和太湖石，损失之大无可估量。人们从故宫五百多年的历史档案中看到，皇宫失火多次，都有原因可查，唯独这一场无名大火查不出原因来。后来人们从许多迹象中，查出了这样一个线索，称之为“偷盗犯放火灭迹”。自1911年清王朝被推翻之后，故宫的后半部还让皇室居住。1923年早已被赶下台的溥仪皇帝，自知可能在此住不长久，想要知道宫中还藏有多少珍宝以便早为之计，便决定开展一次彻底的清点，重点当然就是建福宫花园了。原来这一处宝藏并不是无人问津。自从清末以来，皇家管束已经松弛，特别是王朝被推翻之后，宫中太监、管事们就不断盗窃财宝，偷偷携带出宫换取金钱。当时琉璃厂的许多古董摊、店市场上就经常出现从宫中流出的珍宝。他们从宫中偷出的东西太多了，彻底清点必然要露出破绽，一旦查出来，很多人都逃不脱干系，必然受到处罚。于是，他们便想了这个放火焚烧灭迹的招数，让你无从查对，这帮人也就“消灾免难”了。溥仪是这样认为的，但拿不到证据，也就只好让它去了，成为永远的疑案。

这场火的遗址，自溥仪被赶出宫之后，虽然曾经也有人想做一些整修之事，并曾将其改作过球场加盖玻璃屋，但很快这里又成了废址。匆匆已是几十年过去了，眼看露天的遗址日晒雨淋，基础在不断损坏，残存的精美石刻也日益风化。如果不赶快抢救，连这一遗址也将逐渐消亡了。为此许多专家学者、有识之士不断呼吁要求复建故宫中这处古建园

74假山石桌残迹
75假山石阶残迹

74

75

林精品，但总因国家文物维修经费不足，未能如愿。可喜的是，在改革开放的大好形势下，香港爱国人士、企业家、中国文物保护基金会董事长陈启宗先生，慨然应允捐资四百万美元对这一精美皇家花园进行复建。1999年此一复建工程已得到国务院的批准，国家文物局和故宫博物院的领导对此十分重视，广集院内外专家学者和工程技术人员之力，根据科学复原资料进行设计、施工，延春阁工程已于2001年4月正式上梁，举行了隆重的“建福宫花园复建一期——延春阁工程上梁仪式”。不久的将来，这一明清故宫紫禁城中的华丽宫苑又将再现昔日辉煌。[1]

如此重大之文物复建工程，不能无文以记之，乃略记其始末，亲为辞曰：建福精构，御苑煌煌。华堂丽屋，稀世珍藏。遽遭祝厄，殿阁罹殃。霎时焦土，玉石俱亡。百年残址，行将沦丧。欣逢盛世，纲目同张。士人学子，协力齐倡。输资献智，再造辉煌。鸠工遴材，斧凿锵锵。上梁之日，共献华章。大安大吉，钟鸣鼓响。书以纪盛，万世流芳。

1　2006年5月，建福宫花园复建工程已顺利竣工。——编者注

乾隆花园

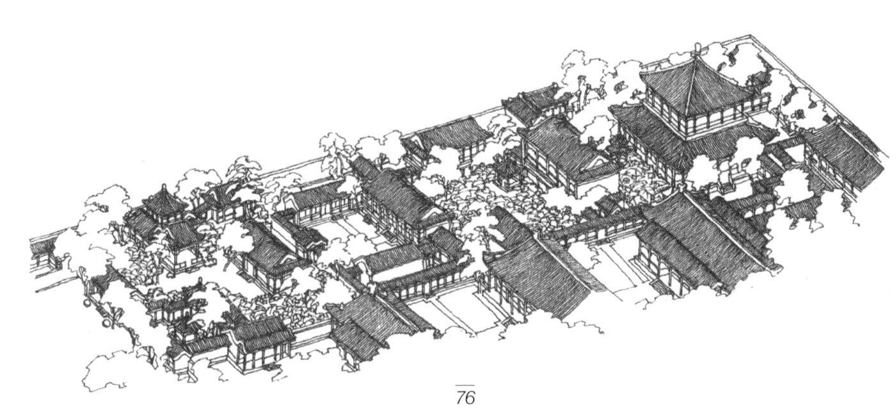

76

乾隆花园，原名宁寿宫花园，位于北京故宫外东路宁寿宫西北侧。始建于乾隆三十七年（1772年），竣工于乾隆四十一年（1776年）。宁寿宫是为清高宗乾隆皇帝做满六十年皇帝准备禅让退位后居住而改建的太上皇宫，在宫旁的这座花园，也是供其养老休憩之用，故后来人们一直习惯称它为“乾隆花园”。

花园南北长一百六十米，东西宽三十七米，占地面积五千九百二十平方米。步入花园正门，迎面一道湖石堆叠

77 乾隆花园平面图

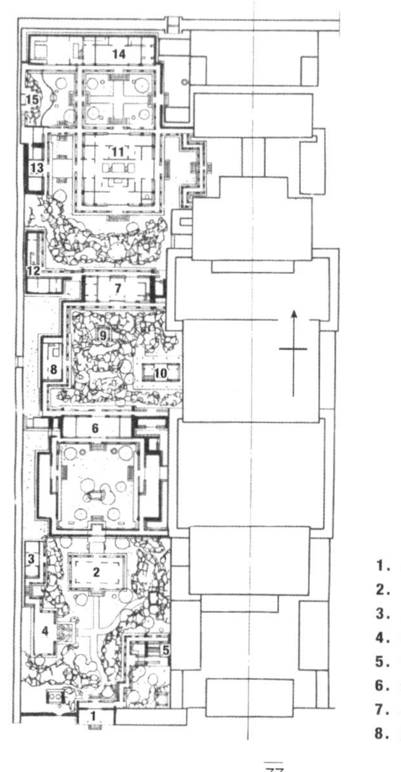

77

的山屏挡住视线，给人以“山重水复疑无路”之感。绕过山屏，豁然开朗，正中是一座三间南向的敞厅——古华轩。檐前种有古楸一株，每值春末夏初，满树繁花似锦，煞是好看。因古代“花”“华”二字相通，故轩厅取名“古华轩”。乾隆亲题对联：“明月秋风无尽藏，长楸古柏是佳朋。”其联道出了这座建筑的借景手法。古华轩的西南有座禊赏亭，亭内有流杯渠，渠道呈双蟠龙形，全长二十七米。由于花园地

78禊赏亭

79禊赏亭外望

78

79

80 撷芳亭

80

处深宫，无泉无水，只好在附近的衍祺门西侧凿井一口，并安放两只大缸，汲井水蓄于缸，然后把水从缸内引入弯弯曲曲的流杯渠，最后流入“御沟”。由于上下水道都巧妙地隐埋于山石之下，因此使人感到泉水仿佛出自天然。当年每逢三月初三修禊日，乾隆皇帝都要与王公大臣们把盏其间，吟诗作赋，仿效“曲水流觞”“一觞一咏”的雅举。禊赏亭的西北石山上，又建一亭，名为旭辉亭，有磴道可以上下。

古华轩的东南有一个很小的别院，成为“园中之园”。园的西北绕曲廊，曲廊中部突出为矩亭，曲廊北头东转为抑斋。抑斋二间，南向，前后出廊，同曲廊相接，斋中供佛。斋外，在园的东南角一堆山石顶上有撷芳亭，斋北山石之上有一个露台，供登高、饮赏或纳凉之用。

穿过古华轩北面一道清水墙上开辟的垂花门，即进入第二进院。这是一座典型的四合院，与前院亭轩相映、山石嶙峋的风格迥异。北面正房，为五开间前后出廊的遂初堂，意味着乾隆“遂”了二十三年前想做太上皇的初衷，东西两侧各为五间厢房。院中迎着垂花门点缀了几块秀石、植树三五，给人一种幽静、淡雅之感。

遂初堂前后出廊，走在后廊北望，又被满院石山所屏。沿廊西转北，是延趣楼。延趣楼前，有曲廊同正楼萃赏楼相连。萃赏楼有副楹联，为乾隆御题：“金界楼台思训画，碧城鸾鹤义山诗。”联语借具有唐代金碧山水画家李思训的画境和唐代著名商人李商隐（字义山）的诗意，来概括抒写花园景致布局的风格。院中耸秀亭居高临下，挺拔秀丽，亭下满院山石，洞壑穹曲，磴道高下，盘绕曲邃取胜。深藏于东南山坞的三友轩，更有风趣：轩内的隔扇、门楣、宝座、围屏、炕桌、茶几等，皆雕有松竹梅华纹，构图生动，雅而不俗。室外，山石之上则是青松环绕，绿竹丛生。“静坐西窗看三友，清点劲节益心身”，这是当年嘉庆皇帝从窗内观看“岁寒三友”时写下的诗章。

碧螺亭则是突出梅花的造型和内涵，重檐五柱，亭体呈梅花形，设计新颖，结构绮丽，从局部构件到整体犹如大花篮，故俗称“梅花亭”。

符望阁是整个西路景观的高潮。其名称表示花园的建成，完全符合乾隆在位时的愿望。它同其南面的碧螺亭、萃赏楼，都处在一条轴线上，阁的纵横都是五间，带有长廊。楼为三层，平座四绕，上具攒尖大顶。符望阁的西面，有廊直通玉粹轩，轩匾写的是“得闲室”，属书房一类。阁东所见的曲廊，实际上是中路景祺阁的回廊。阁的北面，是倦勤斋，意为“归政休养”之所，面阔五间，南向，斋前左右都有回廊与阁相连。西回廊之西的石山上，是竹香馆，有八角门相通，题额为“映寒碧”。竹香馆，为二层东向，二层南北都有斜廊可上下，南至玉粹轩，北接倦勤斋，西端接出之屋。屋内建有一个小戏台，供南府太监演唱之用。四周墙壁上都画了山野景色，天棚挂满藤萝，还绕以竹节凭栏，使这座四角攒尖的亭式戏台，仿佛建在牡丹山上的竹棚之中。演戏时，皇帝坐在正对戏台正面的阁楼中看戏，点燃纱灯，好像笼罩了一层暮霭，宛如置身于花园之中。

北海和团城

北海位于北京城内故宫和景山的西面，是北京城内最为精美的一处帝王宫苑，也是我国现在保存的历史最悠久的一处规模宏大、布置精美的古代园林杰作。它不仅表现了我国古代造园艺术和建筑艺术的成就，而且已经成了今天北京广大劳动人民和许多国内外来宾游览参观、休息、娱乐的好地方。

北海公园有着非常优越的自然条件和许多精美的建筑文物，是八百年来历代劳动工匠用辛勤劳动和智慧逐步创造起来的，但是在过去漫长的年代里，一直被封建统治者所占据，成为“禁苑”的一部分，直到辛亥革命推翻了封建统治之后才开放，供人游览，特别是新中国成立以后，才真正成了劳动人民的财产。

北海的历史

北海的历史可以溯源到八百多年前的辽、金时代，从那个时候起它成了帝王宫苑的一部分。辽、金时代，这里尚在当时都城的东北郊外；到了元代始以这里为中心营建大都，称作万寿山太液池；在明清时期属于西苑的一部分。北海因与中海、南海三海分称而得名，根据乾隆时期御制《悦心殿漫题》云“液池只是一湖水，明季相沿三海分”，可知在明代即已有三海的分称了。

10世纪初，西辽河上的契丹族占据了唐代的蓟城，定为陪都，称作南京（或燕京）。那时南京城的位置还在今北京城的西南角上，北海这里由于有小山、水池等自然条件，被辽代的封建统治者选择作为游玩的地方，当时称之为瑶屿，传说岛屿之巅曾有辽太后的梳妆台。推想当时这里还只是一处位于郊外自然风景较好的地点，人工建筑与设施还是比较少的。由于历史文献不多，遗迹久已不存，当时的情况已不容易查考了。

81 北海琼华岛及白塔，自永安桥北望

81

金代的琼华岛：1153年，金代统治者完颜亮正式建都中都，都城的位置差不多在辽南京的位置上。由于琼华岛这里拥有良好的自然条件和辽代的基础，同时地处近郊便于游览享乐，于是统治者们便大事经营，建筑了精美的离宫别馆。金代的历史文献记载："京城北离宫有太宁宫，大定十九年建，后更为寿宁，又更为寿安，明昌二年更为万宁宫。琼林苑有横翠殿。宁德宫西园有瑶光台，又有琼华岛，又有瑶光楼。"（《金史·地理志》）从这些记载上得知，在金代，北海已经成了封建统治者的离宫，宫殿、园苑等建筑不少，其布置情况当以琼华岛为中心，围绕海子建造离宫别馆。金代对于琼华岛的布置修建已经进行了不少的工作，由于北方缺乏太湖山石，据说还特别去汴京拆除了宋徽宗所营筑的寿山艮岳的太湖山石，运到这里来布置琼华岛。并且还有这样一个传说：金代统治者当时迫使南方和中原地区的人民把粮食缴运到中都，但是拆运汴京艮岳山石可以折合粮食，因此，人们把琼华岛这种山石称为“折粮石”。由此可以想见金代统治者大力经营琼华岛的情况。

元代的万寿山太液池：1215年，元代统治者攻陷了金王朝的中都。忽必烈至元四年（1267年），由于全国逐步统一，便决定在金中都的东北郊修建新的都城，命名为大都。大都宫城的规划与建设即是以琼华岛海子为中心，在它的东西修建大内与许多宫殿。于是这里便由辽金时代的郊外苑囿，变成了包围在城市中心宫城内部的一座封建帝王的禁苑，称之为“上苑”。至正八年（1348年）赐名万寿山（亦有称万岁山的），池名太液池。关于元代万岁山、太液池的情况已有不少详细的记载，而且有实物为证，比较容易了解当时布局的情况。

关于元代太液池、万岁山的情况，陶宗仪在《辍耕录》中描写得比较详细：万岁山在大内（即今故宫位置）的西北，太液池的南面，其山皆用玲珑石做成，峰峦隐映，松桧隆郁，秀若天成。并且金水河的水被引到山后，转机运𣂏，汲水至山顶，从石龙嘴流出，注入方池，伏流至仁智殿后，水从昂首石刻蟠龙的嘴中喷出（即人工的喷泉），然后再从东西两面流入太液池内。山顶上有广寒殿七间，山半有仁智殿三间，山前有白玉石桥长二百余尺，直达仪天殿（即今团城）的后面。桥北有玲珑山石，拥木门五道，门皆为石色，门内有平地，对立日月石，西有石棋枰，又有石坐床。平地的左右两面皆有登山路径，萦纡于万石中，出入于洞府，宛转相迷。山上的一殿一亭都各自构成了美景。山之东有石桥长七十六尺，阔四十一尺半，桥上有石渠，即用以载金水而流至山后以汲于山顶的桥，又东为灵圃，奇兽珍禽在焉（《金鳌退食笔记》）。

万岁山上的建筑很多，广寒殿在山顶，面宽七间，东西一百二十尺，进深六十二尺，高五十尺，重阿（重檐）藻井，文石甃地，四面琐窗，室内板壁满以金红云装饰，蟠龙矫蹇于丹楹之上。殿中还有小玉殿，里面设金嵌玉龙御榻，左右列从臣坐床，前面架设一个巨大的黑色玉酒瓮。玉瓮上有白色斑纹，随着斑纹刻鱼兽出没于波涛之状，其大可贮酒三十余担。殿的西北有厕堂一间。殿东有金露亭，亭为圆形，高二十四尺，尖顶，顶上安置琉璃宝顶。西有玉虹亭，形状与金露亭相同。在金露亭的前面，复道（即爬山走廊之类）可登上荷叶殿、方壶亭。又有线珠亭、瀛洲亭在温石浴室的后面。在荷叶殿的西南有胭粉亭，为后妃添妆之所。

仁智殿在半山之上，三间，其东有介福殿，亦是三间，东西四十一尺，高二十五尺。仁智殿的西北尚有延和殿，形状与介福殿相同。介福殿前即是马湩室，牧人之室在延和殿前。延和殿前有庖室三间；马湩室前东侧为浴室。更衣殿在万岁山东平地上，三间两夹室，为帝后来此登山更衣之所。万岁山元代布局的情况大致就是如此。

82 北海静心斋（选自喜龙仁《中国园林》）

82

《辍耕录》上提到太液池的情况说：太液池在大内西，周回若干里，植芙蓉。

从以上的记载中可以看出元代北海的布局情况，即是以琼华岛为主，布置各种建筑物，作为中心。除太液池的北岸建筑物较少、尚具自然成分较大外，基本上已与现在的情况差不多了。

明、清的西苑：三海因为在明、清两代王朝的皇宫之西，故称西苑，北海为西苑的一部分。明代初期的建筑布局仍然与元代相去不远。永乐十五年（1417年）改建皇城，将元代的故宫包括于内，于是西苑即成了皇城的西半部了。明代初期对西苑的修缮仍然大多是就原有建筑加以修理使用。如《宣宗实录》中有宣德八年（1433年）对琼华岛广寒殿、清暑殿施工的记载："今修葺广寒、清暑二殿及西琼岛。"宗宣《御制广寒殿记》一文也说：当年他（宣宗）在永乐年间随太宗文皇帝来登万岁山，永乐帝曾经告诫他利用旧物不要大事兴建，此次"比登兹山，顾视殿宇岁久而陁，遂命工修葺"。到了英宗天顺年间，遂逐渐大加修缮，如天顺四年（1460年）即在琼华岛、太液池内新添了许多建筑。《英宗实录》上说：天顺四年九月丁丑，"新作西苑殿、亭、轩、馆成。苑中旧有太液池，池上有蓬莱山，山巅有广寒殿，金所筑也……上命即太液池东西作行殿三，池东向西者曰凝和，池西向东对蓬莱山者曰迎翠，池西南向以草缮之而饰以垩曰太素……有亭六，曰飞香、拥翠、澄波、岁寒、会景、映辉。轩一，曰远趣；馆一，曰保和。至是始成”。到了这个时候，北海的太液池东、西、北岸的建筑逐渐增多起来，明代西苑北半部的规模到这时已经形成了。这时北海的情况可从明李贤《赐游西苑记》中得知一般。《赐游西苑记》中写道：“天顺己卯首夏月吉日……过石桥而北，山曰万岁。怪石参差，为门三。自东西而入，有殿倚山，左右立石为峰，以次对峙。四围皆石，赑屃䶩齶，薜荔蔓络，佳木异草，上偃旁缀，樛葛荟翳。两腋叠石为磴，崎岖折转而上，岩洞非一。山畔并列三殿，中曰仁智，左曰介福，右曰延和。至其顶有殿当中，栋宇宏伟，檐楹翚飞，高插于层霄之上。殿内清虚，寒气逼人……曰广寒。左右四亭在各峰之顶，曰方壶、瀛洲、玉虹、金露，其中可跂而息。前崖有壁，夹道而入，壁间四孔，以纵观览。而宫阙峥嵘，风景佳丽，宛如图画。下过东桥，转峰而北，有殿临池，曰凝和。二亭临水曰拥翠、飞香。北至艮隅，见池之源，云是西山玉泉逶迤而来，流入宫墙……门左有轩临水，曰远趣。轩前草亭曰会景……又南行数里许，有殿临池，曰迎翠，有亭临水，曰澄波。东望山峰，倒蘸于太液波光之中，黛色岚光，可掬可挹，烟霭云涛，朝暮万状……”（按：此游记年月早于《英宗实录》所记一年，而其中所提主要殿宇已经有之，可能系前一年已经大部完成，后一年始完成予以实录的。）

从上面的记载中可以看出明代盛时北海的建筑情况，琼华岛的建筑大致仍与元代万岁山差不多，但在东、西、北

83康熙五十六年《万寿盛典》局部，图中右侧可见北海团城，左上方则为琼华岛白塔

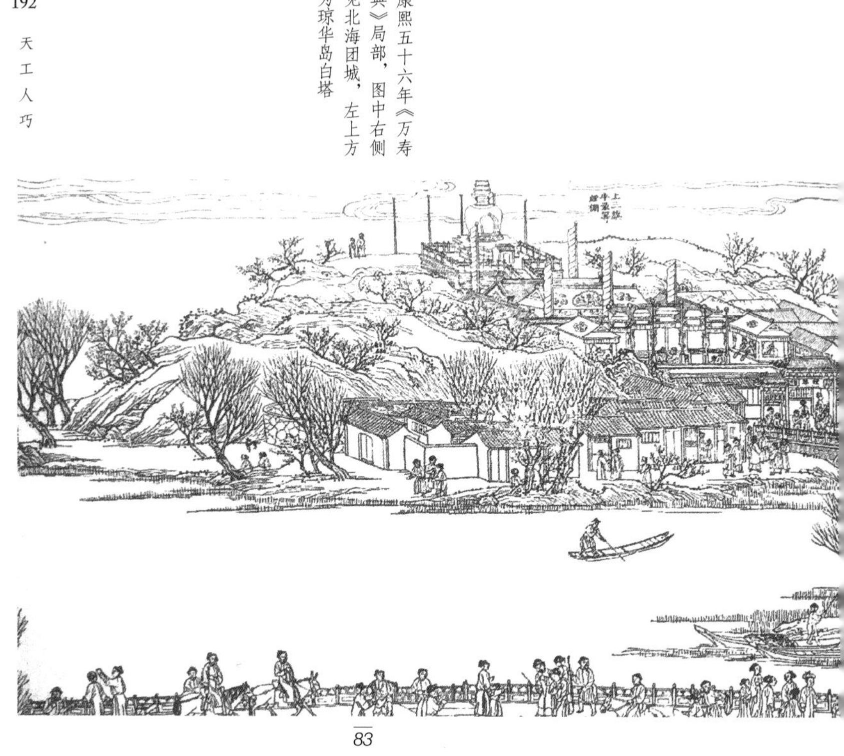

83

岸已增添了不少的建筑物，池的沿岸得到了很大的发展。

清代的北海，较之明代在总的范围上虽然规模仍旧，但在建筑物方面却有了比较大的变化。最显著的变化有两次，一次是顺治八年（1651年）将琼华岛山顶的主要建筑广寒殿和四周的亭子等拆除，建筑了一个巨大的喇嘛塔（即今天北海的白塔）和寺庙，并且又将万岁山称作白塔山。另外一次大的变化即是乾隆年间的增建，特别是琼华岛的北山和北海东北岸，添建了许多建筑物，又增添了不少内容。关于白塔山的建筑情况，在永安寺天王殿后现存乾隆年间所刻《白塔山总记》和《塔山四面记》中已记述得非常详细，北海东北岸的建筑情况在《日下旧闻考》中已有记录。从现在北

海建筑的情况看来，绝大部分还是乾隆时期扩建后的规模，因此也可以说现在的北海除部分改变之外（如阐福寺和小西天部分建筑被毁、先蚕坛已改变等），绝大部分还保存了清代盛时规模。

辛亥革命以后，封建统治者虽然被推翻，但是北海仍然被军阀所占据，经过五六次的筹划开放，历时六七年，至民国十一年（1922年）11月始公开开放。但是园内处处都是破壁颓垣，荒凉满目，而且票价很贵，只有有钱有闲阶级才能来此观赏，普通劳动人民很少能够来到这里。日本帝国主义侵占时期和国民党统治时期也是如此。直到1949年北平解放，北海才真正回到人民的手中。人民政府立即对污积了一百多年的海底污泥垃圾进行了疏浚清理，使海水清澈流畅，并逐年对琼华岛和沿岸的许多古建筑进行修整，培植了树木花草。现在，每当春日园内百花盛开，满园春色，游人络绎不绝，夏秋游船如织，冬日在园内辟有冰场，每逢节日还在海面流放荷灯，举行盛大的游园晚会，一年四季接待着千千万万的游人，北海公园已成了北京城内最大的一处劳动人民游览休息的场所。

北海的园林布局与重要建筑物

北海与中南海一起，共同组成了北京城内最大的一处风景区，琼华岛的历史最为悠久，更是三海中的重点。自辽、金、元、明、清以来皆为帝王宫苑所在，着意经营，在园林布局上有很大的成就。首先这里具备很好的自然条件。北海正处于燕山西北环抱的一块平原的中心，西山、玉泉山的金水河水流到这里形成了一个较大的湖泊，在这个平原上有了这一块巨大水面，湖中又有小山，这是很难得的造园条件，而且又离辽代南京和金中都城的东北不远，所以在八百多年前的辽金时代这里就被选作郊外离宫。元代的统治者对这里更加重视，觉得在郊外还不能充分利用这个地方，就把首都搬到这里来，皇宫的布局即以太液池为中心。明、清两代这里仍然是宫中的禁苑。历代之所以这样重视这里，正是因为有了这样一块水面和小山的缘故。因为中国园林如果没有水和山是无法布置的，山还可以人工建筑，而要有较大的水面，在古代则是难以靠人工办到的。古代造园建筑匠师们

84

充分利用了这样有利的自然条件，精心布局，经过了许多代劳动人民的辛勤劳动才形成了今天北海公园园林的规模。因此，这处园林也可以说是几百年造园经验积累的成果。

北海园林总的布局继承了我国古代造园艺术中在水中布置岛屿、沿池岸布置建筑物和风景点的传统手法。全园面积共七十多万平方米，水面占了一半以上，眼界开阔，这是城市内部园林很难有的条件。琼华岛耸立于水面南部，以高耸的白塔、玲珑的山石和各种建筑物组成一个整体。东、南两面用石桥与岸边有机地联系在一起，并且还与东面的景山、故宫互相辉映，构成一大片壮丽景色。明人的游记就曾写道：“东望山峰，倒蘸于太液波光之中，黛色岚光，可掬可挹。”我们今天站在北海的西岸向东南望去，的确可见远处的景山五亭倒映水中，若飘若动，更增添了北海的景色，这也是我国古代造园艺术中借用外围景色的传统手法之一。

至于沿岸一带的建筑则有濠濮间、画舫斋、镜清斋、天王殿、五龙亭、小西天等，或断或续，有的隐藏于翠绿林中自成格局，有的面临池面，有的突出于水中。建筑的形式有亭、台、楼、阁、水榭、游廊，变化不一，而且互相联系搭配，充分显示了中国古代建筑与园林布局相结合、相互增辉的成就。

北海公园主要的园林建筑有如下几处：

第一节
琼华岛

琼华岛即是辽代的瑶屿、金代的琼华岛、元代的万岁山（或称万寿山）。明清时期，琼华岛、万岁山间或并称，自顺治八年（1651年）建造了白塔之后始有白塔山的名称。各时期的建筑情况在上面已经简略谈到。

琼华岛现存建筑大约可分为东、南、西、北四面，其布局与乾隆《塔山四面记》中所述基本一致。南面是一组

85 北海琼华岛鸟瞰

85

佛教寺院永安寺，作为中心建筑，过堆云积翠桥从山麓至山顶主要殿宇有法轮殿、正觉殿、普安殿和配殿、廊庑、钟楼、鼓楼等，均为清代建筑。寺的平面布局依着山形分为两段，中间以石磴道相连，在石磴道两侧布置山洞、隧道、假山、独石和碑亭等，使寺庙建筑与园林密切地结合起来。永安寺的两旁自山麓均有爬山磴道迂回曲折而上，东侧有振芳亭（已毁）、慧日亭，西侧有一组较大的建筑悦心殿、庆霄楼，为封建统治者来此“理事引见”和观看风景的地方。南面山麓临水有双虹榭等建筑。从整个布局来看，琼华岛的南面虽然建筑较多，但中心被永安寺占去，显得比较谨严，缺乏灵活感。

琼华岛的西面自悦心殿而下，山势较陡，布置了一组琳光殿建筑，两旁山路曲折，间之以围墙圆门等，整个气氛较富变化。在琳光殿的左面还引水布置一个小池，两岸山石嶙峋，山路环绕，但又与外面相联系。这里就是所说的“波与太液通，石桥锁其口”的地方。自琳光殿而右，沿山麓有半圆形围楼一座，即阅古楼，内部嵌存乾隆时摹刻故宫中三希堂所藏自魏、晋以来著名的法帖碑版，阅古楼之后假山曲径与北山相连，又成一个风格。

琼华岛的北山为假山和各种装饰点缀建筑物集中之处，怪石嶙峋，崖洞幽邃，忽而爬升山半，忽而直下山底，人行其间倍觉清凉幽静。北山建筑可分为临水与山崖两部分。临水建筑是以一带长廊和三组突出的楼阁为主，东自倚晴楼起，西至分凉阁止，沿着海岸建筑了一排双层的临水游廊，正中还以远帆阁（后为道宁斋）、碧照楼（漪澜堂）和戏楼三组高起的楼阁作为中心，使游廊更富有变化。山崖部分的布置主要以假山为主，其间点缀着许多装饰建筑。西面自分凉阁而上有邀山亭、酣古堂、写妙石室、盘岚精舍、一壶天地亭、扇面房等，又有仙人承露盘耸立于假山之间，又有得性楼、延佳精舍、抱冲室等楼阁台亭和各种形状不同的建筑物，这些建筑均与假山隧洞密切配合成为一个整体。根据历史发展的情况看，琼华岛北山在早期的建筑物比较少，自然景色较多，现在这些假山和建筑物应是明清以后，特别是乾隆以后才布置完成的。

琼华岛东山也是风景较佳之处。自金代即传称的燕京

86北海琼华岛白塔特写

86

八景中的“琼岛春阴”即在山的东面，有乾隆时重写的“琼岛春阴”碑一通，栏杆石座及碑首雕刻均极精美。沿着碑旁小路可上登至看画廊，游廊依山而筑，曲折萦回，人行其间观看周围景色，如在观看极为优美的图画一般。此外还有智珠殿、半月城和其他一些亭阁建筑。

塔山四面均有石梯山路可以通达山顶。山顶正中建喇嘛塔一座，由山麓至顶共高62.8米。塔的南面有琉璃小阁一座，名为善因殿，左右有石梯上达殿前，可凭栏眺望故宫、景山、中南海的景色。远处的天安门广场、人民大会堂和许多高耸云端的新建高楼大厦与许多古老的建筑物交织成了一幅伟大首都的壮丽景色。白塔的后面则可俯望广阔的海面，游船如织，波光云影上下流动，五龙亭、小西天、阐福寺、天王殿等黄色琉璃瓦顶与古柏苍松和沿岸垂柳互相辉映，远处燕山如黛，又是一番美妙的景色。

第二节
沿岸的园林布局与建筑

北海沿岸的园林建筑布局在辽、金时代的情况已无从查考，估计当时没有什么建筑。

元代西岸是宫殿区，东岸与灵囿（今景山）相连，太液池中遍植芙蓉。明代则已有许多临水亭殿。现在的建筑大都

87 北海濠濮间（视觉中国）

87

为乾隆时期所留下的。其布局的方法大体可分为两类：一类是临水的建筑，一类是隐蔽于岸边的小型建筑群。临水建筑又有伸入水中的（如船坞、五龙亭等）和临水的建筑群（如天王殿、阐福寺、澄观堂、镜清斋等）。这些建筑虽然各抱地势，但彼此均有呼应。而海的东岸则采取了隐蔽的方式，把建筑物隐藏在土山、丛林之内，自成一个小区域，如濠濮间、画舫斋等即是，但是这些地方处处又有路可通海岸，不是隔绝而是有联系的整体。

第三节
北海沿岸的主要建筑

濠濮间：自琼华岛东山过陟山桥往北，一带土岗自南而北伸展，濠濮间即位于土山之后。涧系由北海的东北角引水辗转经先蚕坛、画舫斋而来，到这里成为一个内部水池，沿岸假山叠石非常玲珑秀丽，一道弯曲石梁横跨水面，桥北还饰以石坊，桥南建临水轩室，旧额称为“壶中云石”。轩内有游廊曲折而上，经山顶转至南面而下，非常幽静有致，尚有崇椒室、云岫厂等堂殿与之相结合。游人从岸边辗转来到濠濮间，好似另有一番境地，也可说是园中有园的一种表现方式。其成功之处，不在于用围墙建筑隔开，而是以土岗、假山、树木等作为间隔。

画舫斋：自濠濮间而北，转过土山又有一组隐蔽于土山林木之间的建筑，即画舫斋。前为春雨林塘殿，四周廊屋环绕，正中为一方形水池，画舫斋即为正面的一座临池殿阁。此外还有观妙室、镜香室、古柯庭、得性轩等建筑物，组成一个完整的院落。

出画舫斋而北，旧有先蚕坛，因原来建筑早已不全，现已改观。沿海东岸建筑大体如此。

镜清斋在北海的最北部，民国二年（1913年）始改成为静心斋，是北海公园中一处精美的园中小园。其前门正对着琼华岛的中心，四周有墙围绕，而南面围墙用透空花墙使

88 北海濠濮间至画舫斋景区平面图

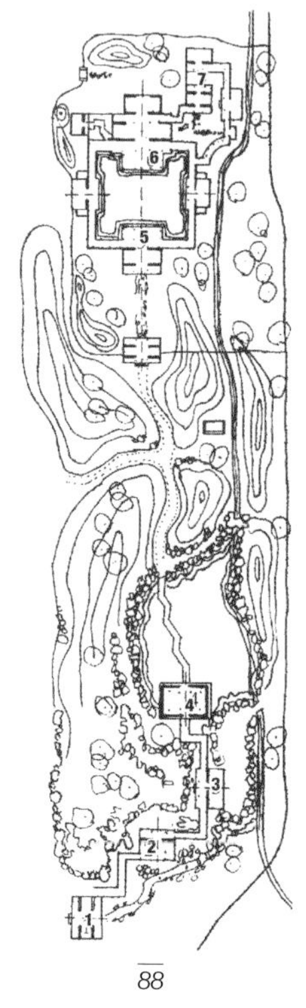

1. 大门
2. 云岫厂
3. 崇椒室
4. 濠濮间
5. 春雨林塘殿
6. 画舫斋
7. 古柯庭

88

内外景色尚可隐约联系。墙外有碧鲜亭，实际乃装点围墙之用。静心斋内部的园林布局亦是以水池、石桥、假山和亭、阁、堂、室所组成，建筑布局看上去是相互间隔，但是有着明确的中轴线和分射点。西部进门为水池，对面有沁泉廊，贴墙回廊缘山而上，再从北面绕道东部而下，尚有罨画轩、枕峦亭、画峰室等建筑。自假山之上俯览池中曲桥、回廊、亭、榭建筑与池水相映照，自是一番优美景色。

西天梵境又称作天王殿，是一组精美的佛寺，面临北

89 北海九龙壁（视觉中国）

89

海，正对琼华岛。前有一精美的“须弥春”琉璃牌坊，后有三道琉璃门墙，进门有天王殿、大慈真如宝殿及琉璃阁等建筑物。大慈真如宝殿全部用楠木建成，琉璃阁为发券无梁殿结构，外面嵌砌五彩琉璃花饰与佛像，备极精美。

西天梵境的西面尚有一座建筑，但早已毁去，现在仅存五彩琉璃照壁一座，即是北海有名的九龙壁。九龙壁高5.95米，长25.52米，厚1.60米，全部用琉璃砖烧制，两面刻九条五彩大龙，飞舞腾翱于波涛云气之间，非常生动优美，特别是色彩极为鲜艳，是我国琉璃工艺建筑中的珍贵作品。

九龙壁之西有澄观堂、浴兰轩、快雪堂，再西即阐福寺，寺的大殿于民国初被烧毁，寺前即五龙亭。

五龙亭共有五个亭子，中为龙泽亭，东为澄祥亭，再

90 北海北岸五龙亭旧影
（喜龙仁摄，黄晓供图）

90

次为滋香亭，西为涌瑞亭，再次为浮翠亭。龙泽亭为重檐圆顶，余四亭皆方顶。五亭相互有石桥相接连成一体，石桥宛转相连，跨于水面好似游龙行动，特别是五亭全部伸入水中，使海岸景色发生变化。这是北海岸边优美的建筑物。在五龙亭的西北尚有观音殿、万佛楼等一组宏伟的佛寺。观音殿为一巨大的四方形攒尖顶大殿，其四周引水为小池，跨小桥于上，每面有琉璃牌楼一座，连以短墙，墙的四隅又有小亭各一，原来在观音殿内有八百罗汉山和仙山悬塑。观音殿之后的正殿万佛楼已毁，现尚存东配楼宝积楼一座，耸立于北海的西北角，非常雄壮。

自观音殿南行，沿北海的西岸现在已无建筑保存了，但是西岸确是观看东北岸琼华岛景色的好处所，远处的景山亭子均好像在岸边，增色不少。原来明代这里尚有迎翠殿、澄波亭，但现在早已不存在了。

第四节
团城

团城在北海公园南门的西侧，位于北海、中海、金鳌玉蝀桥与故宫、景山之间，与这些宫殿园林互相联系，共同构成北京城内最为优美的风景区。

1. 团城的历史

远在八九百年前，团城这里即与北海同时被辽金时代的统治者占为御园，即是琼华岛前面水中的一个小屿。当时的情况没有详细的记载，可能只有一些树木和小型的建筑物。到了元代，团城的记载已经比较详细，不但它的位置和形状，而且上面的建筑物的大小尺度也都有了记载，当时被称作圆坻（即小岛），岛上主要建筑为仪天殿。小岛四周环水，东西有木桥与岸相连，陶宗仪《辍耕录》上记载说："仪天殿在池中圆坻上，当万寿山，十一楹，高三十五尺，围七十尺，重檐圆盖顶。圆台址，甃以文石，藉以花茵，中设御榻，周辟琐窗，东西门各一间，西北厕堂一间。台西向，列甃砖龛，以居宿卫之士。东为木桥，长一百廿尺，阔廿二尺，通大内之夹垣。西为木吊桥，长四百七十尺，阔如东桥。中阙之，立柱，架梁于二舟，以当其空。至车驾行幸上都，留守官则移舟断桥，以禁往来。是桥通兴圣宫前之夹垣，后有白玉石桥，乃万寿山之道也。"

91 团城全景

91

从这段记载，可以很清楚地了解元代仪天殿的情况。与现在比较，当时东部尚是水面，水上有木桥，西面现在金鳌玉蝀桥的位置是木吊桥，当时还没有城墙、垛口。仪天殿与今天的承光殿不同，是重檐圆顶的。

明代团城的情况与元代相较有了较大的改变，主要的变化是把东面原来通天宫中的木桥填为平地，重修仪天殿并改名为承光殿，并且把岛屿周围用砖筑成圆形城墙，基本上形成了今天团城的格局，但承光殿尚是圆形的，在明代韩雍等《赐游西苑记》、清初《金鳌退食笔记》和其他许多文献中已有记载。《赐游西苑记》说："至圆殿，观灯之所也。殿台临池，环以云城，中官旋开门以入，历阶而登，殿之基与睥睨平，古松数株，高参天……"

清代团城在清初大部分保留了明代的样子。康熙七、八年间承光殿倒塌，康熙二十九年（1690年）重建承光殿，并且把圆殿改成了十字形平面的重檐四面歇山式的建筑，乾隆年间又进行了较大的修建之后，即成了现存的情况，在《日下旧闻考》中已有明确的记载。

2. 团城的建筑布局

团城为一近似圆形的城台，周围用砖垒砌，城面边缘砌做城堞垛口，东西两面辟门，有磴道上下，东为昭景门，西为衍祥门。城高五米余，全部面积约四千五百平方米。

由昭景门或衍祥门进入，沿回旋砖磴道上升，可达城面。磴道出口处有罩门各一间，单檐庑殿顶。城面正中即为承光殿，殿前有玉瓮亭一座，即乾隆十四年（1749年）所建以存玉瓮者。承光殿东西两侧有门楼两座，即昭景、衍祥门楼。衍祥门在庚子年（1900年）八国联军侵入北京时为侵略军所毁，1953年由文化部照原样恢复，梁柱以钢筋混凝土代之。脊下有郑振铎所书重建题字。殿侧有东西庑各七间，殿后东为古籁堂，西为余清斋，均为三间单檐硬山式。余清斋西有回廊与沁香亭相通。殿后又沿着团城的边缘环列廊屋十五间，名为敬跻堂。堂的东西因地势堆置假山，山上建亭，东为朵云亭，西为沁香亭。廊屋、亭子、假山组成一组环状的园林景色，与琼华岛上的山石建筑遥相辉映。

承光殿：承光殿是团城的主要建筑。它的平面，正中为一正方形，在四面正中推出抱厦一间，因此便成了富有变化

92 团城承光殿

92

的十字形平面。南面正中有月台一座，三面均有阶梯可以上下。殿的东、西、北三面亦设有阶梯，殿的月台周围及阶梯两旁砌以黄绿琉璃瓦宇墙以代石栏。殿的外观，正中为一重檐歇山大殿，抱厦单檐卷棚式，覆以黄琉璃瓦绿剪边。瓦顶飞檐翘角，极富变化，与故宫紫禁城角楼的形式相似，为古代建筑中不多见的优美造型。殿的内部中央立四根巨大井口柱以穿插抹角梁与四周柱子相联系，上下檐内外均施斗拱，整个建筑构造尚为清康熙年间的法式。

玉瓮：玉瓮本是北海琼华岛顶上（今白塔位置）广寒殿中之物，径四尺五寸，高二尺，围十五尺，不但体积巨大，雕刻精美，而且由于它有早期的明确记载，是研究北京历史

93

的重要文物。玉瓮的制作年代，《元史·世祖本纪》记“（至元二年）己丑渎山大玉海成，敕置广寒殿”。《辍耕录》更清楚地描述了玉瓮在广寒殿的位置和它的形象。这个玉瓮经元、明两代的变乱也曾流失于外，据《金鳌退食笔记》记：“（广寒殿）……中有小玉殿……前架黑玉酒瓮一，玉有白章……其大可贮酒三十余石（今在西华门外真武庙中道人作菜瓮）。”到了乾隆时始复将其回收，置于承光殿前，并建亭以贮之，乾隆自作玉瓮歌刻于其内，并命词臣四十八人应制作玉瓮诗各一首刻在石柱亭上。

玉佛：佛在承光殿内，坐像，高约1.5米，全身由一整块白玉石做成，洁白无瑕，光泽清润，头顶及衣褶嵌以红绿宝石。此佛传说是清光绪时自缅甸送来，其雕刻风格亦属缅甸风格，当无疑问。今玉佛左臂上有刀痕一块，系八国联军帝国主义侵略者所砍伤。

古树：在承光殿东侧有栝子松一棵，顶圆如盖，姿态苍劲，传为金代所植，为北京最老而又有记载的古树。另有白皮松两棵、探海松一棵，都是数百年前古树。封建帝王曾封这几棵树以官爵，栝子松曰遮荫侯，白皮松曰白袍将军，探海松曰探海侯。承光殿前数十株古柏，树色苍翠，也都有数百年了，古柏种得疏密相间，配合得宜，更加衬托出团城和承光殿的幽静景色。特别是树下的砖砌浅池，按树的疏密做不同形式的穿插连接布置，既富于变化又适应需要，显得非常质朴大方。

北海及团城在我国古代园林建筑史造园艺术上有着重大的价值，而且在研究北京发展史上也是极为重要的实物，因此在1961年已由国务院公布为第一批全国重点文物保护单位。

（原载1962年北京市文物工作队编印的《北京名胜古迹》，收入本书时有改动）

颐和园

中国园林建筑艺术有悠久的传统，在世界造园艺术中独树一帜，有重大的成就。几千年来我国古代造园工匠，以他们辛勤的劳动和智慧，创造了许多具有高度艺术成就的园林，颐和园仅是千千万万个园林中保留下来的一个。

颐和园在北京的西郊，距城十多千米。它是我国现在保存规模宏大而又完整的一处古代封建帝王的宫苑。由于园林建筑艺术优美，成为国内外游人所向往的游览胜地。

在介绍颐和园之前，有必要先把我国造园的历史做一简略的回顾。

相传在殷代，奴隶主就迫使奴隶为他们建造了规模宏大的园林。

远在三千多年前的周代，就已有了描写园林情况的作品。如《诗经·灵台》："王在灵囿，麀鹿攸伏。麀鹿濯濯，白鸟翯翯。王在灵沼，於牣鱼跃。"诗中所写的灵囿，就是养有禽兽的动物园。灵沼是饲养鱼类的池沼。诗中还描述了园中鸟兽鱼类活泼驯服的景色。

《周礼》还记载周代已设专人管理园囿的事："囿人，中士四人，下士八人，府二人，胥八人，徒八十人。"从这个记载中我们可以看出，当时已经有了管理园囿事务和饲养鸟兽、鱼类的人员，并且有了园艺工匠，当时对园林的经营管理已经有了一定的制度。

《述异记》上记载，吴王夫差修筑姑苏台，三年才建成。园林建筑周旋诘屈，横亘五里，崇饰土木，殚耗人力不知多少。夫差又在此修建海灵馆、馆娃宫、铜沟玉槛，建筑物上用珠玉来装饰。园林规模的宏大和建筑的华丽，可以想见。

秦始皇统一中国，在咸阳大兴土木，建筑了规模宏大的上林苑，在苑里修建了阿房宫，把宫殿和园林更加密切地结合在一起。汉武帝更扩大了上林苑的规模，园的周围达三百多里，离宫七十多所，又建甘泉苑，周围五百多里，宫殿台阁一百多所，还开凿了巨大的昆明池和昆灵池。文献记载，“宫内苑聚土为山，十里九坂，种奇树，育麋鹿、麑麂、鸟兽百种。激上河水，铜龙吐水，铜仙人衔杯，受水下注”。可知当时已有了人造假山和人工压水设施，园中的花木禽兽已经非常丰富了。除了封建帝王之外，当时的许多财主豪绅也大造园林。

汉以后园林更加发展起来，帝王宫苑和私家园林规模之大、数目之多，不可胜计。比较著名的如三国时期魏文帝的铜雀台，隋炀帝所营造的西苑，唐代的禁苑、骊山华清宫等。宋徽宗所营寿山艮岳，从政和到靖康（1111—1127年）经过了十多年的经营，楼台亭阁、假山叠石荟萃园内，“四方怪竹奇石悉聚于斯”，成了一处具有高度艺术价值的帝王宫苑。在建造这处精美园林的时候，宋代统治者对人民进行了非常残酷的剥削和压迫。这个寿山艮岳在当时的首都东京（今河南开封），而堆叠假山用的山石却要从江苏太湖采取。高广几丈的大块太湖石，用大船载着，上千人拉船，沿途强迫老百姓为他们服役，供应食用，不但挖河拆桥，而且把塘堰水闸都拆毁了。这座园林的建成，不知凝聚了多少劳动人民的血和汗！

辽、金、元、明、清各代的统治者，在他们的首都（今北京）城里城外经营了许许多多的宫苑园林，今天还保存的北海、中南海、颐和园以及西山诸园就是这些朝代经营修缮的部分遗物。特别是清代所谓的康熙、乾隆盛世，北京西郊的园林盛况空前，在几百平方千米以内楼阁连云，遮天蔽日。非常可恨的是，北京西郊许多规模宏大的帝王宫苑和私家园林，在1860年英法联军入侵和1900年八国联军入侵的时候，被野蛮地烧毁劫掠了。

颐和园所处地点被封建帝王占作宫苑，是从八百年前的金代开始的。金章宗曾经在这里建立行宫，是西山八院之一的“金水院”。颐和园主要由万寿山和昆明湖两大部分组成。万寿山金元以来曾有金山、瓮山等名称，昆明湖曾称作金水、瓮山泊、大湖泊、金海、西湖等。明代在瓮山上建圆静寺。

到了1750年，清代乾隆帝在圆静寺的基础上，修建了一个大报恩延寿寺为他的母亲祝寿，才把瓮山改名万寿山，并且把金海大加疏浚，改名昆明湖，整个园林名叫清漪园。经过1860年英法侵略军的破坏，清漪园的木构建筑已荡然无存。慈禧太后为了满足她的奢侈享乐生活，不顾国家的垂危和列强的侵略，挪用海军建设费和其他款项，在清漪园的旧有基础上进行修复，改名颐和园。现存园林就是这次修复的。

颐和园的园林建筑，继承了我国古代园林艺术的传统特点和造园手法，并且有所发展。

颐和园园林布局的第一个特点就是以水取胜。广阔的昆明湖水面，是园林布置极好的基础。园的周围共有十三里，全园面积四千三百多亩，其中陆地面积仅占四分之一，在当时北京诸园中是水面最大的一个。因此，设计人抓住了水面大这一特点，以水面为主来设计布置。主要建筑和风景点都面临湖水，或是俯览湖面。当时取名“清漪园”，也就是清波满园的意思。

湖山结合，是颐和园的又一特点。辽阔的昆明湖北岸，有一座高约六十米的万寿山，好像一座翠屏峙立在北面。清澈的湖水好像一面镜子，把万寿山映衬得分外秀丽，湖山景色密切结合成为一个整体。古代的造园艺术家和工匠们，在设计和建造这座园林的时候，充分利用了这一湖山相连的优越自然条件，适当地布置园林建筑和风景点。如抱山环湖的长廊和石栏，把湖和山明显地分清而又紧密地连接在一起。伸入湖中的知春亭、临湖映水的什景花窗、建造在湖边山麓的石舫等等，都巧妙地把湖山结合在一起。

鲜明的对比手法，是颐和园园林布局的另一特点。我们在颐和园中，不仅可以看到建筑壮丽、金碧辉煌的前山，还可以看到建筑隐蔽、风景幽静的后山；不仅可以俯览浩荡的昆明湖，还可以漫步怡静的苏州河（后湖）；不仅可以看到建筑密集的东宫门，还可以看到景物疏旷的西堤和堤西

94 颐和园昆明湖及十七孔桥鸟瞰

94

区。处处有阴阳转换，时时有矛盾开展，才觉山穷水尽，忽又柳暗花明，游人心情随之抑扬顿挫。

颐和园中布置的许多风景点，处处景色都不相同。这些风景点，用亭、台、楼、阁、斋、堂、轩、馆以及曲槛回廊等建筑物和假山花木等分别不同的地位组合而成。值得注意的是这些风景点之间有明显的分隔，而又有有机的联系。从这个风景点看那个风景点，彼此构成一幅图画。当人们行走在长廊里或是谐趣园的时候，走几步，周围的景色又有变化，这就是古代园林布置中所谓的“景随步转”，也就是风景点彼此之间互相转移变化的布置手法。

“借景”的造园技法，是我国古代造园工匠多年积累的经验，在颐和园的设计中得到了充分的运用，设计时不仅

95颐和园西望，西山的峰峦，玉泉山的塔影，均借入园中（楼庆西摄）

95

考虑到园里建筑和风景点互相配合、借用，而且把四周的自然环境、附近的园林以及其他建筑物，也一并考虑在内。当我们转过仁寿殿来到昆明湖东岸的时候，西山的峰峦、西堤的烟柳、玉泉山的塔影，好像都结合在一起，也成了颐和园中的景色。这种不仅园里有景而且园外也有景的“借景”手法，使园的范围更加扩大，景物也更加丰富。

“园中有园”是颐和园设计布置园里风景时，继承传统、利用自然地形的很好例子。在颐和园万寿山东麓，原来就有一处地势较低、聚水成池的地方。造园工匠们就利用这一地形，布置了一处自成格局的谐趣园。当人们从万寿山东麓的密集宫殿区或是从后山的弯曲山麓来到这里的时候，进入园门，好像又来到一处新的园林中，建筑气氛、风景面貌给人

96 北京颐和园鸟瞰图，以长堤将昆明湖分成三片水域（楼庆西摄）

96

焕然一新的感觉。这种“园中有园”的设计布局增加了园林的变化，丰富了园林的内容。

颐和园水中布置岛屿，也是继承了我国两千多年前的传统手法。用长堤把湖面划分为几个区域，还在昆明湖中布置了南湖岛、治镜阁、藻鉴堂等孤立湖心的岛屿，象征传说中的“海上三神山”——蓬莱、方丈、瀛洲。它的实际作用是打破广阔的昆明湖面的单调气氛，增加湖中的景色。

“集景摹写”是我国古代园林设计中的一种传统手法，

清代北京西郊诸园和承德避暑山庄，运用这个手法特别突出。在清漪园建造之初，就派出许多画师和工匠，到全国各地去参观和摹写有名的风景和建筑物，把它们仿造在园里。颐和园中的景色，可说是汇集各地有名建筑和胜景而成。但是，设计人和造园工匠们绝非生搬照抄，只是仿其风格而已。如谐趣园和无锡寄畅园神同形异，望蟾阁（已毁）、景明楼也和黄鹤楼、岳阳楼完全不一样，园里的苏州街和江南苏州的市街更相去很远。这说明我国古代建筑工匠在参考借鉴的时候，绝不生搬硬套，很注意创新。

“虽由人作，宛自天开”，这是我国园林艺术和技巧中的又一传统经验。如颐和园后湖的风景，虽然是人工所造，但是宛如江南水乡一样。园中许多风景、林木，也力求达到宛如自然景色的效果。

颐和园的布局，大体可以分作东宫门和东山、前山、后山、昆明湖几个部分。

第一，东宫门和东山区。颐和园原有水旱十三门，主要入口是东宫门，其次是北宫门，因此在东宫门里布置了许多组重要的建筑物。一进东宫门是仁寿殿，清代的封建帝王们，夏天住在园中就在这里“听政”。仁寿殿前陈设着雕刻精美的铜龙、铜鹤，院中山石挺秀。绕过仁寿殿，面临昆明湖，人们到了这里心胸顿开，只见万寿山雄峙北岸，知春亭伸入湖中，昆明湖碧水连天，连西山景色都一概映入眼帘，可说是进颐和园的第一处壮观景色。

仁寿殿北面的德和园、颐乐殿，是帝后群臣观剧之处。院中有大戏台，分上、中、下三层，可同时演出。这个戏台建筑宏大，设计周密，是我国现存古代戏台中的重要遗物。自德和园往北是景福阁、乐农轩。由此下山往东，因地形布置了一个精美的小园“谐趣园”。上面说过，它是依照无锡有名的寄畅园建造的，以一个水池为中心，四周环绕布置了涵远堂、湛清轩、知春堂、瞩新楼等建筑，更有小桥亭榭、游廊曲槛等，自成一个园林格局。到这里好像进入另一个园中，是一种“园中有园”的布局。

在仁寿殿之后，临水布置了乐寿堂、宜芸馆、夕佳楼、藕香榭等建筑。临湖石栏曲折，在临水墙壁上开了各式各样的什景漏窗，窗里晚间点上灯火，倒映水面，又增一番景色。

第二，前山区。前山是全园的中心，正中是一组巨大的建筑群，自山顶的智慧海而下是佛香阁、德辉殿、排云殿、排云门、云辉玉宇坊以达湖面，构成一条明显的中轴线。琉璃砖瓦的无梁殿（智慧海）和高达四十一米的佛香阁，气势雄伟，色彩鲜丽。

在这组中轴线的两旁，布置了许多陪衬的建筑物，东边以转轮藏为中心，西边以宝云阁（铜亭）为中心，顺山势而下，按地形而建筑，并有许多大型的假山隧洞，上下穿行，人行其中顿觉清凉幽邃。人们登上佛香阁或智慧海，回首下望，只见山下一片金黄色的琉璃瓦顶殿宇，金光灿烂；昆明湖水宽广异常，波光云影上下流动辉映。南湖中的十七

97颐和园建筑群
（View Stock、Sino View、视觉中国）

97

孔桥，横卧波心，西堤六桥伏压水面，远望西山如黛。在雨后晴天，连北京城里的白塔、景山以及八里庄慈寿寺塔、广安门外天宁寺塔都齐集眼底，构成一幅宏阔的图画。

前山的东西两面，随山势上下，布置了许多点景建筑物。东有重翠亭、千峰彩翠、意迟云在、无尽意轩、写秋轩、含新亭、养云轩等，西边有邵窝殿、云松巢、山色湖光共一楼、湖山真意、画中游、听鹂馆、延清赏楼、小有天亭、清晏舫（石舫）、澄怀阁、迎旭楼等。这些建筑的形式多样，色彩丰富，各抱地势，相互争辉。但是更加壮丽的是前山脚下环湖一抹二百七十三间的长廊，自东迤西，全长七百二十八米，它依山带水，好像万寿山的一条项链。

98 清晏舫

98

第三，后山区。后山以曲折幽静著称。山路在山腰盘绕，路旁古松丫槎，有如图画。山脚是一条曲折的苏州河（也称后湖），时而山穷水尽，忽又柳暗花明，真有江南风景的意味。

在后山的正中，原来有一组仿西藏式的庙宇建筑，叫“须弥灵境”，也称后大庙，主要建筑已被帝国主义侵略军焚毁，现已陆续重建。后山东部林木葱郁。山腰有一座多宝琉璃塔，突兀半山，原来和花承阁是一组建筑，其他建筑已被侵略军所毁，由于它是砖石琉璃所建，才幸存了下来。

后山山下是幽静的苏州河，自清琴峡起，向西到北宫门一带，都是土山林木。自北宫门再往西，沿着苏州河两

99

岸，原来建有苏州街、买卖街，古时茶楼酒肆，以至古玩商店，无不俱备。这些临河街市，已为侵略军所毁，只有一些遗迹可寻了。

此外，在后山还有清可轩、赅春园、留云、绘芳堂、停霭、绮望轩、贝阙、寅辉等建筑，点缀山间，相互呼应。

第四，昆明湖区。颐和园的北部万寿山耸立如翠屏，各种建筑物和风景点布满其间，而南部却是碧波粼粼的昆明湖。湖中有几处岛屿浮现水面，又以长堤、石桥加以联系。西堤六桥是依照杭州西湖中的苏堤修筑的，垂杨拂水，碧柳含烟，人们漫步堤上，倍觉轻松舒畅。

在西堤两端有两座洁白石拱桥，俗称罗锅桥，它们是

100 颐和园苏州街雪景（视觉中国）

101 颐和园十七孔桥（选自喜龙仁《中国园林》）

101

昆明湖的出入水口。北头的入水桥叫玉带桥，南头的出水桥叫绣漪桥。桥面陡峭，桥拱高耸，洁白石桥映衬着碧柳垂杨，分外明媚。

在堤西的昆明湖心，有一个湖中岛屿，因为上面有一座龙王庙，所以俗称龙王庙岛。上有龙王庙和月波楼、鉴远堂、涵虚堂等建筑群。涵虚堂的前身望蟾阁（已毁）仿武昌黄鹤楼修建。龙王庙之东有一座雄伟的十七孔石桥，从岛上通向湖岸，桥长一百五十米，宽八米，是仿照有名的卢沟桥建造的。桥东头岸上有一座铜牛守望湖心，和长桥、岛屿、廓如亭等共同构成一幅绮丽的景色。

颐和园这座规模宏大、建筑精美的园林，体现了我国古代造园技术的光辉传统，表现了我国古代劳动人民的高度智慧和创造才能。但是它在过去却被封建统治阶级所霸占，特别是重建之后，更为祸国殃民的慈禧所独霸。

颐和园还是一百多年来帝国主义侵略罪行的见证。园中处处留下了侵略军烧毁破坏的痕迹。特别是万寿山后山和后湖，到处残垣断壁，许多建筑现在只留下了基址。

新中国成立后，劳动人民创造的颐和园，终于回到了人民的手里，颐和园成了全国各族人民游览的胜地。来北京访问的国际友人，也必来这里游览。

颐和园的园林艺术，有很高的成就。我们必须以“古为今用”的原则，取其精华，去其糟粕，使这座古典园林能在今后新的园林设计和造园艺术上有所借鉴，推陈出新。

（摘自1978年中国青年出版社《中国古代科技成就》，收入本书时有修改）

出版说明

“大家艺述”多是一代大家的经典著作，在还属于手抄的著述年代里，每个字都是经过作者精琢细磨之后所拣选的。为尊重作者写作习惯和遣词风格、尊重语言文字自身发展流变的规律，为读者提供一个可靠的版本，“大家艺述”对于已经经典化的作品不进行现代汉语的规范化处理。

北京出版社

图书在版编目（CIP）数据

天工人巧 ：中国古园林六讲 / 罗哲文著 . -- 北京 ：北京出版社，2024.10

（大家艺述）

ISBN 978-7-200-13490-2

Ⅰ . ①天… Ⅱ . ①罗… Ⅲ . ①古典园林—介绍—中国 Ⅳ . ① K928.73

中国版本图书馆 CIP 数据核字（2017）第 267044 号

总 策 划：高立志 王忠波　　策划编辑：王忠波
学术审读：戈祎迎　　责任编辑：王忠波 李更鑫
责任营销：猫　娘　　装帧设计：李　高
责任印制：燕雨萌

·大家艺述·

天工人巧

中国古园林六讲

TIANGONG RENQIAO

罗哲文 著

出　　版　北京出版集团
　　　　　北京出版社
地　　址　北京北三环中路 6 号
邮　　编　100120
网　　址　www.bph.com.cn
总 发 行　北京伦洋图书出版有限公司
印　　刷　北京华联印刷有限公司
经　　销　新华书店
开　　本　880 毫米 x 1230 毫米 1/32
印　　张　7.5
字　　数　144 千字
版　　次　2024 年 10 月第 1 版
印　　次　2024 年 10 月第 1 次印刷
书　　号　ISBN 978-7-200-13490-2
定　　价　88.00 元

如有印装质量问题，由本社负责调换
质量监督电话 010-58572393